Con permiso

EL REY

me mandó
a llamar

Cuando no éramos nadie, el rey nos mandó a llamar,
y hoy por hoy podemos comer a su mesa,
porque simplemente a Él le plació llamarnos,
y cuando todos pregunten; ¿y este que hace aquí? nosotros
aprendamos a responderles,
"Con permiso, el Rey me mandó a llamar".

Evangelista
Jonathan Rivera

Ministerio Internacional
ROMPIENDO LOS LIMITES

Publicado por
Evangelista JONATHAN RIVERA

Derechos Reservados
Evangelista JONATHAN RIVERA

Primera Edición 2015

Por Evangelista JONATHAN RIVERA

Titulo publicado originalmente en español:
Con permiso EL REY me mandó a llamar

Citas Bíblicas tomadas de la Santa Biblia, Versión Reina-Varela de 1960. © Sociedades Bíblicas Unidas. Usadas con permiso.

Clasificación: Religioso

Para pedidos o Invitaciones:
Evangelista JONATHAN RIVERA
5500 S. Howell Ave # 0933
Milwaukee, WI 53237 USA
Cel. (1) 414-510-7498
rompiendoloslimites@yahoo.com

Producido en USA por
www.holyspiritpub.net
(214) 881-1367

CONTENIDO

AGRADECIMIENTOS

Quiero agradecer de lo más profundo de mi corazón al Dios Todopoderoso, a mi gran Elyon (Altísimo) por el amor tan grande que ha tenido conmigo, porque sus misericordias son nuevas cada mañana en mí, sin Él jamás hubiera podido lograr lo que he logrado, sin Él, jamás fuera lo que soy hoy día, reconozco que todo se lo debo a Él, te amo Jesús, vivo y viviré eternamente agradecido.

De la misma manera quiero agradecer a mi hermosa familia. A ti Raquel Rivera, amor de mi vida, por ser esa viga que sostiene este edificio (ministerio) cuando me he sentido desmayar, has estado ahí para darme palabras de aliento y decirme; "¡Vamos amor, tu puedes!". También agradezco a mi primogénita Gabriela Rivera, eres la nena de papá, tus palabras de amor y las cartas que me escribes hacen que me derrita, te amo hija de mi alma. Jonathan D. Rivera, no sabes lo feliz que soy cuando paso tiempo contigo, tu sonrisa, tu forma de ser me conmueven, eres un hijo especial, te amo con todo el corazón, y espero en mi Dios que nunca te olvides de las horas que papá pasó junto a ti, haciendo lo que tanto te encantaba hacer, jugar con papá. Jeremías Isaí Rivera, cuan especial eres para mí, me fascina hacerte reír, porque tu sonrisa es única, cuanto disfruto esos momentos junto a ti, gracias por ser tan amable, cariñoso y expresivo. Ustedes después de Dios son mi razón de vivir, los amo con todo el corazón.

A ti también madre querida por luchar por nosotros y siempre darnos lo mejor que pudiste, te amo Migdalia González. A mi papá Jesús D. Rivera, por siempre ser un amigo, a pesar de la distancia siempre me has apoyado, te amo papá. Agradezco también a todos los presidentes conciliares, obispos, pastores y pastoras, misioneros, misioneras y evangelistas, que de alguna manera u otra nos han respaldado y apoyado durante todos estos años de ministerio, dándonos la oportunidad, de predicar en diferentes actividades, como convenciones, campañas, cultos especiales, congresos, etc. A Dios gracias primeramente y a ustedes por todo el apoyo.

También quiero tomar el tiempo y agradecer a todo el equipo de trabajo del Ministerio Internacional Rompiendo Los Límites, por su apoyo, dedicación, respaldo incondicional, en especial a la hermana Sara Rodríguez por dedicarle horas a la lectura de este libro, y así poder mejorar la ortografía de este material que hoy está a su alcance, muchas gracias mi hermana Sara.

A mi mentor Einer Agredo, que por varios años consecutivos hemos trabajado mano a mano, como un equipo, te agradezco porque gracias a tu arduo trabajo, hoy puedo poner en las manos de los lectores mi cuarto libro, eres el mejor, que Dios te continúe bendiciendo.

Mi más profundos agradecimientos a Rev: Modesto De Jesús, Rev: José Santiago, por ser los comentaristas de este libro, ustedes que me conocen por tantos años y saben que lo que hago es con la más alta responsabilidad, son los mejores para hacer este rol, en este libro titulado: "Con permiso, el Rey me mando a llamar". A todos los conozco por años, y han sido un baluarte fuerte en este ministerio, gracias por el apoyo incondicional y por su más sincera amistad, muchas gracias, les amo.

De lo más profundo de mi corazón agradezco también al señor presidente del Concilio Latino Americano, al Reverendo y amigo Jorge Luis Balochie de Europa, por haber leído el contenido de este libro, sin haber sido corregido. Gracias por dedicar tiempo para escribir el prólogo. Agradezco a Dios por ti, y tu amada familia. Mil gracias, porque, gracias a ti el ministerio se ha extendido por muchos lugares en Europa.

PRÓLOGO

Con la gran confusión que tristemente existe en el pueblo de Dios sobre la creación, exaltación y destrucción de nuestro adversario el Diablo, finalmente Dios permitió que saliera a la luz el libro que tienes en tu mano. Más que un libro, lo considero como una herramienta de gran ayuda para la iglesia, sobre todo en este tiempo de frialdad y conformismo espiritual. El evangelista Jonathan Rivera trata a continuación temas tan importantes como la rebelión de Lucifer, donde y como se origino el conflicto y sus consecuencias. Trata también sobre la caída del hombre y el gran amor de Dios proveyendo el plan de redención.

Este manual es apto para pastores, evangelistas, maestros y líderes, pero también para cada creyente por la forma clara y precisa que el autor lo presenta. Reconozco que en más de veinte años de trabajo como pastor y plantador de iglesias, no había tenido un material como este, pero ya está al alcance de todos.

Sobre el autor.

Tuve la oportunidad de conocerlo por recomendación de un amigo misionero hace algunos años y desde entonces ha sido de gran bendición para nuestro ministerio en Europa.

Más que un predicador es un gran maestro, exegeta de la Palabra de Dios, que es como una antorcha que arde por el fuego del Espíritu Santo para avivar la iglesia del Señor en estos últimos tiempos.

Dios siempre ha roto el silencio espiritual con una voz potente, hoy puedo decir como la viuda de Sarepta: *"Conozco que tú eres varón de Dios y que la Palabra de Dios es verdad en tu boca"*. 1 Reyes 17:24.

Al lector:

El libro que ahora está leyendo estoy seguro que Dios lo utilizara como un instrumento para transformar tu vida y tu ministerio. Te aseguro que tu vida y tu ministerio no serán igual.

Dios les bendiga.

Sin más,
Rev. Jorge Luis Balochie
Presidente del Concilio Latinoamericano
Región de Europa

DESDE MILWAUKEE, WI

Es para mí un privilegio haber leído el libro "Con permiso El Rey me mando a Llamar", este libro será de grande inspiración para todo aquel que ha experimentado la prueba, el desprecio por las limitaciones, y para comprender cuán grande es la gracia de un Dios que no mira nuestras limitaciones ni las usa en contra de nosotros. Muchos entenderán la verdad de su propia prueba y de su enemigo, la verdad de su necesidad y de la provisión de Dios. Muchos nos arrepentiremos de llorar y lamentarnos al recordar el proceso de crecimiento en nuestras vidas, pero entenderémos que fue el proceso que nos llevó a la Mesa del Rey.

Para mí fue de gran bendición para mi vida. Gracias.

Rev. José A. Santiago
*"Pastor de la Iglesia de Dios Pentecostal MI,
Jehová es mi Pastor"*

DESDE MILWAUKEE, WI

Amigo lector, se que este libro te será de gran bendición, ya que el evangelista Jonathan Rivera como autor y predicador es muy diligente en su ministerio ya que él ha entendido que este compromiso es de gran envergadura y su misión ha sido y será poner el nombre de Dios en alto.

El autor desarrolla un tema muy interesante con convicciones firmes, el cual te provocara decir una de las frases que distinguen a nuestro compañero (PA MI FUE ESO).

Por la gracia del Señor soy su Pastor y no solo eso, somos amigos en todo el sentido de la palabra. Un servidor y la Iglesia Arca de Salvación damos gracias a Dios por nuestro hno. Jonathan Rivera.

Rev. Modesto De Jesús
Pastor en la Ciudad de Milwaukee

INTRODUCCIÓN

Es impactante ver como Dios, que no necesita de su creación siempre la ha buscado, a pesar de la terquedad del hombre. Me impresiona saber, que desde la caída del hombre, Dios siempre en su infinito amor ha querido poner al hombre en los lugares de más alto honor y prestigio, sacándolos de la miseria y esclavitud. Es el deseo de Dios que el hombre no viva en condiciones paupérrimas (extremada pobreza), sino más bien, en las mejores condiciones posibles; no simplemente en lo material, sino más bien en lo espiritual y físico.

El mundo vive en condiciones precarias (inestables), porque han rechazado a Dios, y como fundamento tienen la tierra, en vez de la Roca que es Cristo Jesús. Me estremece tanto saber que el Eterno, ha sido traicionado tantas veces por su creación, y nunca ha desistido en querer bendecirla y confiar en ella. El primer traicionero fue Lucifer, que arrastrando una tercera parte de los ángeles del cielo, hizo una revolución llevándose así parte de la creación de Dios, aun cuando el Señor le había dado el más alto honor que ninguno de sus ángeles o querubines habían tenido jamás, todo por querer ser semejante al Altísimo. La mayor causa por la que tantos hombres y mujeres se dañen es la ambición al poder, pasando por alto que todos los altivos y soberbios, terminarán como terminó Lucifer, fracasados, en la ruina y sin nada. Esta es la razón por la cual hay tanta traición, no simplemente a Dios sino al prójimo, y todo por querer tener más, o ser mejor qué. La Biblia dice referente a Lucifer:

Isaías 14:13-15 RVR1960 *"Tú que decías en tu corazón: Subiré al cielo; en lo alto, junto a las estrellas de Dios, levantaré mi trono, y en el monte del testimonio me sentaré, a los lados del norte; sobre las alturas de las nubes subiré, y seré semejante al Altísimo. Mas tú derribado eres hasta el Seol, a los lados del abismo".*

Veo luego como el Eterno crea al hombre y le entrega en las manos la creación confiando una vez más, y como había de esperarse, el hombre peca contra Dios impulsado por el Diablo, por querer ser igual a su Creador y esto los lleva (Adán y Eva) al fracaso.

Génesis 3:4-7 RVR1960 *"Entonces la serpiente dijo a la mujer: No moriréis; sino que sabe Dios que el día que comáis de él, serán abiertos vuestros ojos, y seréis como Dios, sabiendo el bien y el mal. Y vio la mujer que el árbol era bueno para comer, y que era agradable a los ojos, y árbol codiciable para alcanzar la sabiduría; y tomó de su fruto, y comió; y dio también a su marido, el cual comió así como ella. Entonces fueron abiertos los ojos de ambos, y conocieron que estaban desnudos; entonces cosieron hojas de higuera, y se hicieron delantales".*

A pesar de todo esto, Dios fue en busca del hombre para restaurarlo y perdonarlo, cosa que no hizo con

Lucifer. El Eterno creó al hombre a su imagen y semejanza, desde ese momento en adelante, el hombre no ha tenido el mejor comportamiento, pero Dios ha estado protegiendo a su creación de la ambición al poder o de la vanagloria, permitiéndole tener en alguna parte de su cuerpo algún impedimento, o "aguijón", para que así de esta manera el hombre reconozca que no es por sus propias fuerzas, sino por la gracia de Dios. La Biblia declara, referente a Pablo y también a nosotros:

2 Corintios 12:7, 9-10 RVR1960 *"Y para que la grandeza de las revelaciones no me exaltase desmedidamente, me fue dado un aguijón en mi carne, un mensajero de Satanás que me abofetee, para que no me enaltezca sobremanera; Y me ha dicho: Bástate mi gracia; porque mi poder se perfecciona en la debilidad. Por tanto, de buena gana me gloriaré más bien en mis debilidades, para que repose sobre mí el poder de Cristo. Por lo cual, por amor a Cristo me gozo en las debilidades, en afrentas, en necesidades, en persecuciones, en angustias; porque cuando soy débil, entonces soy fuerte".*

Entendamos de una vez y por todas, que la gloria es y seguirá siendo de Dios, porque cuando no éramos nadie, cuando vivíamos en un lugar incomunicado y lleno de miseria, el Rey nos mandó a llamar, y hoy por hoy podemos comer a su mesa, porque simplemente a Él le plació llamarnos, y cuando todos digan; ¿y este que hace aquí? nosotros aprendamos a responderles, "Con permiso, el Rey me mando a llamar".

¡ADVERTENCIA!

¡ABRÓCHENSE LOS CINTURONES, PORQUE LO QUE VIENE ES TURBULENCIA!

No pretendo que estén de acuerdo con todo lo que aquí se escribió, pero si una cosa quiero que este clara, lo hice con la más alta responsabilidad y seriedad que un hombre de Dios pueda tener, procuré usar de forma correcta y con verdad la Palabra de Dios como siempre lo hago, entendiendo que mi compromiso es con Dios primeramente y luego con ustedes como pueblo, sin pasar por alto el consejo que Pablo le dio al joven Timoteo, cuando le dijo:

2 Timoteo 2:15 RVR1960 *"Procura con diligencia presentarte a Dios aprobado, como obrero que no tiene de qué avergonzarse, que <<usa bien la palabra de verdad>>".*

Entendiendo así, que el conocimiento y la sabiduría que Dios ha impartido en mí, vienen de lo alto del Padre de las luces, tal como lo dice la Biblia:

Santiago 1:17 RVR1960 *"Toda buena dádiva y todo don perfecto desciende de lo alto, del Padre de las luces, en el cual no hay mudanza, ni sombra de variación".*

Por eso de esta manera comprendiendo muy bien

el texto Bíblico también del apóstol Pablo cuando dijo: Por medio de Cristo, Dios nos asegura que todo eso es cierto. *"Pero nosotros no somos capaces de hacer algo por nosotros mismos; es Dios quien nos da la capacidad de hacerlo".* Ahora Dios nos ha preparado para que anunciemos a todos nuestro nuevo compromiso con Él. Este nuevo compromiso no se apoya en la ley, sino en el Espíritu de Dios. Porque la ley condena a muerte al pecador, pero el Espíritu de Dios da vida. (2 Corintios 3:4-6 TLA). Cuando me sentí con necesidad de clamar por más sabiduría lo hice, sabiendo que mi buen Dios no fallaría jamás en dármela.

Santiago 1:5 RVR1960 *"Y si alguno de vosotros tiene falta de sabiduría, pídala a Dios, el cual da a todos abundantemente y sin reproche, y le será dada"*.

Clamaba a Dios por sabiduría y revelación, por la gran responsabilidad que tengo ante Dios y ustedes, de compartir las cosas que me fueron reveladas, para que así de esta manera, no simplemente tengamos conocimiento, sino que las obedezcamos y pongamos en práctica, ya que la Biblia dice:

Deuteronomio 29:29 NTV *"El Señor nuestro Dios tiene secretos que nadie conoce. No se nos pedirá cuenta de ellos. Sin embargo, nosotros y nuestros hijos somos responsables por siempre de todo lo que se nos ha revelado, a fin de que obedezcamos todas las condiciones de estas instrucciones"*.

Es mi oración a Dios que les abra los ojos de vuestros entendimiento, para que puedan comprender a cabalidad lo que aquí trato de explicar. Por ocasiones tuve que hacer la misma oración que el apóstol Pablo hizo:

Efesios 1:17-19 RVR1960 *"Para que el Dios de nuestro Señor Jesucristo, el Padre de gloria, os dé espíritu de sabiduría y de revelación en el conocimiento de él, alumbrando los ojos de vuestro entendimiento, para que sepáis cuál es la esperanza a que Él os ha llamado, y cuáles las riquezas de la gloria de su herencia en los santos, y cuál la supereminente grandeza de su poder para con nosotros los que creemos, según la operación del poder de su fuerza".*

No pretendo en lo absoluto creerme que lo sé todo, y mucho menos pretendo ser más "sabio", solo es mi deseo poder traer a la luz de la Palabra, misterios que han estado ocultos por mucho tiempo. Quisiera concluir con uno de mis textos favoritos:

1 Corintios 1:26-29 RVR1960 *"Pues mirad, hermanos, vuestra vocación, que no sois muchos sabios según la carne, ni muchos poderosos, ni muchos nobles; sino que lo necio del mundo escogió Dios, para avergonzar a los sabios; y lo débil del mundo escogió Dios, para avergonzar a lo fuerte; y lo vil del mundo y lo menospreciado escogió Dios, y lo que no es, para deshacer lo que es, a fin de que nadie se jacte en su presencia".*

Ahora diga conmigo; ¡Ajá, pa mí, fue eso!

CAPÍTULO 1

LA REBELIÓN

Isaías 14:12-17 RVR1960 *"¡Cómo caíste del cielo, oh lucero, hijo de la mañana! Cortado fuiste por tierra, tú que debilitabas a las naciones. Tú que decías en tu corazón: subiré al cielo; en lo alto, junto a las estrellas de Dios, levantaré mi trono, y en el monte del testimonio me sentaré, a los lados del norte; sobre las alturas de las nubes subiré, y seré semejante al Altísimo. Mas tú derribado eres hasta el Seol, a los lados del abismo. Se inclinarán hacia ti los que te vean, te contemplarán, diciendo: ¿Es éste aquel varón que hacía temblar la tierra, que trastornaba los reinos; que puso el mundo como un desierto, que asoló sus ciudades, que a sus presos nunca abrió la cárcel?".*

Lucifer no supo guardar su corazón, sino que se dejó engañar, por eso el profeta de Dios llamado Jeremías expresó estas palabras en su libro:

Jeremías 17:9 RVR1960
"Engañoso es el corazón más que todas las cosas, y perverso; ¿quién lo conocerá?".

SIGNIFICADO DE LA PALABRA REBELIÓN

Antes de seguir, me gustaría poderles preguntar ¿qué significa la palabra rebelión? conforme a la Nueva Concordancia Strong Exhaustiva, se pronuncia pésha, que significa, "hacer una revuelta nacional, moral o religiosa, también significa, fraude, infracción, iniquidad, maldad, ofensa, pecado, prevaricación, rebelarse, o ser rebelde, tener rebeldía, traición, o transgresión". También se pronuncia de otra manera y con otros significados, veamos, porque en vez de "pésha" también se pronuncia "pashá" que significa, expansión, separarse de la autoridad justa, traspasar, o apostatar. Esto fue exactamente lo que hizo Lucifer cuando se separó de la autoridad máxima de Dios y entró en una revuelta angelical, donde se llevó arrastrada una tercera parte de los ángeles, y de esta manera traicionó a Dios, por lo tanto al pecar contra Dios, fue sacado a patadas del cielo, cuando subió para tratar de usurparle el trono al Eterno.

Nota del autor: según el diccionario manual de la lengua española vox. © 2007 Larousse editorial, S.L. La palabra "usurpar" significa: apoderarse injustamente y de forma violenta de una casa, un bien o un derecho que pertenece o corresponde a otra persona.

EL MENSAJE DE EZEQUIEL COMO EL DE ISAÍAS SON UNA TIPOLOGÍA

Para empezar, quiero recordarles amados lectores, que tanto el libro de Ezequiel 28: 11-19, como el del profeta Isaías 14: 12-7, son una tipología de Lucifer, aunque el mensaje va dirigido al rey de Babilonia y al rey de Tiro. Cuando realice un exegesis de estos dos capítulos (Ezequiel 28 e Isaías 14) me impactó tanto, por muchísimas razones, las cuales hoy con la ayuda del Espíritu Santo voy a tratar de explicarlas.

REALMENTE ESTE MENSAJE FUE DIRIGIDO AL PODER DETRÁS DEL REY DE BABILONIA

El texto de este pasaje es una referencia al rey de Babilonia, y en la forma que lo presenta el profeta es, en todo su orgullo, esplendor, y también su caída (porque así terminarán todos los orgullosos). Sin embargo, esto va realmente dirigido al poder detrás del malvado rey de Babilonia. Ningún rey mortal hubiera afirmado que su trono estaba por encima de Dios, o que él era como el Altísimo. Porque detrás de todo era Lucero (Lucifer), "hijo de la mañana" y creo que eso está muy claro hasta aquí.

¿QUÉ SIGNIFICA LA PALABRA LUCERO O LUCIFER?

Para poder entrar en un área mucho más profunda, me gustaría primero definir el nombre Lucero o Lucifer, porque ese "nombre" no es un "nombre" como tal, sino un apelativo.

Nota del autor: Según el Diccionario de la lengua española © 2005 Espasa-Calpe: la palabra "apelativo" significa, algo que sirve para llamar o atraer la atención, o también se le puede aplicar a un sobrenombre.

En otras palabras, el Espíritu Santo de Dios, para atraer la atención, cuando el profeta daba su mensaje, expresa estas palabras (Lucero), ahora escudriñando este "sobrenombre" y su significado, tenemos que informarles que el origen de este título "Lucifer" viene de la traducción al español y del término en hebreo "helel", que significa, algo que da luz o que brilla; este significado viene del sustantivo hebreo, y fue preservado en muchas de las traducciones griegas de la Biblia hebrea a través del término "heõsfóros", que significa, "portador del alba" o "estrella matutina". Esta palabra es muy similar a la palabra griega "fósforo", ya que esta palabra está compuesta de dos maneras "phos" que significa luz y "pherein" que significa llevar o cargar; lo que significa cuando usted une estas dos palabras es, que Lucifer era el "portador de luz". Los padres de la iglesia primitiva, algunos creen que emplearon el término latino "Lucifer" como un "nombre propio", para así de esta manera referirse a Satanás, pero cuando nos vamos a los términos hebreos, esta palabra no es un nombre propio, sino un título, como ya mencioné.

LUCIFER TRATÓ DE OCUPAR LA POSICIÓN DEL HIJO

Ahora que le expliqué lo que significa la palabra Lucifer, quiero explicarles un poco la frase "hijo de la mañana" porque este término expresa la idea de "que él portaba la luz". Lo que quiero decir con esto, es que su brillantez lo hacía ser la estrella de la mañana. En las versiones latinas o griegas, encontramos la frase "estrella de la mañana", lo que significa algo que se asoma temprano en la mañana, probablemente sería mejor entender la palabra "Lucero, hijo de la mañana" como una manera de enfatizar la gloria de su ser y el resplandor, al igual que su posición de privilegio, pero lo que sí yo les puedo afirmar, es que el sagrado escritor lo está comparado con la belleza del alba matutina, la primera luz de la mañana que anuncia el comienzo de un nuevo amanecer. Esa posición gloriosa que el

Dios eterno le permitió tener y que a la misma vez es muy destacada, se emplea metafóricamente para referirse a este glorioso ser.

El nombre Lucifer viene a expresar la idea de un ser celestial, y a eso hace referencia la idea básica del texto Bíblico y es bueno entender eso. Ahora en mi opinión personal, y puede que usted difiera de mí en este punto en particular, es que cuando la Biblia menciona "hijo de la mañana", (refiriéndose a Lucifer), a él se le haya subido a la cabeza este título, y haya querido ocupar la posición del hijo (Jesús) ¿Por qué creo eso?, porque inmediatamente después de mencionar la palabra hijo de la mañana, la Biblia dice que fue "cortado por tierra", y voy aún más allá, la imagen retórica del Nuevo Testamento de la estrella matutina sugerida por el griego, se aplica a Jesús, veamos lo que les digo.

INCONFORME CON SU POSICIÓN

Originalmente, Lucifer no estuvo totalmente satisfecho y eso se pudo ver, con la posición celestial que le dieron como "hijo de la mañana" y querubín que era, y esa fue una de las razones por las que buscó ascender al cielo, entronarse en el monte celestial del testimonio, conforme a Isaías 14:13. Esta búsqueda de grandeza provocó su caída del cielo. En contraste, Jesús no persiguió la grandeza en ningún momento, al contrario, voluntariamente descendió de su elevada posición de hijo, para servir a otros y Dios "lo exaltó hasta los sumos y le otorgó el nombre que está sobre todo nombre", tal y como dice la Biblia, veamos:

Filipenses 2:9-11 RVR1960 *"Por lo cual Dios también le exaltó hasta lo sumo, y le dio un nombre que es* *sobre todo nombre, para que en el nombre de Jesús se doble toda rodilla de los que están en los cielos, y en la tierra, y debajo de la tierra; y toda lengua confiese que Jesucristo es el Señor, para gloria de Dios Padre".*

Cristo es el único que puede reclamar verdaderamente el título de "la estrella resplandeciente de la mañana". Veamos otras de las razones por la cual yo creo que Lucifer, quiso la posición de Hijo y es que la Biblia dice:

> El nombre Lucifer viene a expresar la idea de un ser celestial, y a eso hace referencia la idea básica del texto Bíblico y es bueno entender eso.

Apocalipsis 22:16 RVR1960 *"Yo Jesús he enviado mi ángel para daros testimonio de estas cosas en las iglesias. Yo soy la raíz y el linaje de David, la <<estrella resplandeciente de la mañana>>".*

En otro de los textos Bíblico también, confirma lo que yo les digo, veamos:

2 Pedro 1:19 RVR1960 *"Tenemos también la palabra profética más segura, a la cual hacéis bien en estar atentos como a una antorcha que alumbra en lugar oscuro, hasta que el día esclarezca y el <<lucero de la mañana>> salga en vuestros corazones".*

Este Lucero es Jesucristo el hijo de Dios, ¡Aleluya! (énfasis añadido por el autor).

EL PROBLEMA COMENZÓ EN EL CORAZÓN

Luego el profeta Isaías sigue diciendo;

Isaías 14:12 RVR1960 *"Cortado fuiste por tierra, tú que debilitabas a las naciones".*

La palabra cortado viene del hebreo y se pronuncia "gada" Y significa, talar un árbol, desmenuzar, despedazar, destruir, quebrantar o quebrar. Lo que significa que Dios a la vez que vio que Lucifer se dañó y se corrompió, lo desmenuzó, lo taló y con esto quiero decir que lo bajo de la posición que tenía; quebrantándolo así de esta manera, y fue un ejemplo a las naciones, que todo orgulloso terminará de la misma manera que terminó él, destituido de su posición. Veamos como el profeta sigue diciendo:

Isaías 14:13-14 RVR1960 *"<<Tú que decías en tu corazón>>: Subiré al cielo; en lo alto, junto a las estrellas de Dios, levantaré mi trono, y en el monte del testimonio me sentaré, a los lados del norte; sobre las alturas de las nubes subiré, y seré semejante al Altísimo".*

El problema de Lucifer comenzó en el <<corazón>>, por esa misma razón fue que el filósofo Salomón expresó en los Proverbios estas palabras:

Proverbios 4:23 RVR1960 *"<<Sobre>>toda cosa <<guardada>>, <<guarda>> tu <<corazón>>; Porque de él <<mana>> la <<vida>>".*

Lucifer no supo guardar su corazón, sino que se dejó engañar, por eso el profeta de Dios llamado Jeremías expresó estas palabras en su libro:

Jeremías 17:9 RVR1960 *"Engañoso es el corazón más que todas las cosas, y perverso; ¿quién lo conocerá?".*

Como sólo Dios es el que conoce los pensamientos que están en el corazón del hombre, de la misma manera conoció lo que había en el corazón de Lucifer. Mi consejo a todo el que lea estas palabras es; guarda tu corazón, porque si le paso a él, le puede pasar a cualquiera.

SOBRE TODA COSA GUARDADA, GUARDA TU CORAZÓN

Creo que es muy importante que le dediques un poco de tiempo a esto que acabamos de leer en el libro de los Proverbios, porque cuando Salomón expresó estas palabras, sobresalieron varias cosas que creo que es de suma importancia discutirlas aquí. En primer lugar dice la Biblia; "<<Sobre>> toda cosa <<guardada>>, <<guarda tu corazón>>". Esta palabra es tan importante, porque lo que Salomón está tratando de explicar es, que de todas las cosas que tu "guardes", lo primero que tú debes de <<guardar es tu corazón>>. La palabra <<guardar>> se escribe en hebreo de esta manera "רָצַנ" y se pronuncia "natsár", que significa, proteger, mantener, esconder, cuidar, velar, librar y conservar. ¿Por qué Salomón dijo esto?, por lo que dijo a continuación:

Proverbios 4:23 RVR1960 *"Porque de Él mana la vida"*.

Les quiero explicar primero lo que significa la palabra "mana", para luego explicarles lo que significa la palabra "corazón". La palabra "mana" se escribe de la siguiente manera "הָאָצֹת" y se pronuncia "totsaá", que significa; "fuente". Ahora la palabra "corazón" se escribe en hebreo בֵל) y se pronuncia "leb", que quiere decir, sentimientos, intelecto, y sobre todo, centro de cualquier cosa. Se lo explicaré tal y como se escribió en el original. Antes de proteger algo, asegúrate de esconder, cuidar, velar o conservar, tu corazón (sentimientos, intelecto, porque ese es el centro de tu vida) ya que de ahí es donde mana (fuente) la vida; en otras palabras la fuente de la vida es el corazón (sentimientos e intelecto del hombre), si no cuidamos nuestro corazón (sentimientos), seremos arrastrados por él, como fue arrastrado Lucifer.

SI ÉL DIJO; ¡SUBIRÉ!
FUE POR QUE NO ESTABA ARRIBA

Hay una pregunta que yo me he hecho muchas veces y es esta, ¿Por qué la gente piensa que Lucifer vivía en el cielo?, cuando en la Biblia dice que él dijo:

Isaías 14:13-14 RVR1960 *"Subiré al cielo; en lo alto, junto a las estrellas (ángeles) de Dios, levantaré mi trono, y en el monte del testimonio me sentaré, a los lados del norte; sobre las alturas de las nubes subiré, y seré semejante al Altísimo".*

Énfasis añadido por el autor. Si dijo; subiré, era porque entonces no estaba arriba como muchos piensan. ¿Y dónde era que vivía Lucifer entonces?, no se preocupe, ya mismo les explicaré y a la misma vez les daré "mi opinión personal", pero antes leámoslo en otra traducción.

Isaías 14:13 La Biblia de las Américas ©1997 *"Pero tú dijiste en tu corazón: Subiré al cielo, por encima de las estrellas de Dios levantaré mi trono, y me sentaré en el monte de la asamblea, en el extremo norte".*

Antes de explicar, mi recomendación amado lector es, que te abroches los cinturones, porque pudieras sentir turbulencia mientras sigas leyendo, les diré porque deben de ponerse los cinturones; y es que este monte del testimonio que Lucifer quería, no es nada más que el lugar donde el Eterno Dios gobierna.

¿CUÁL ERA SU MORADA ENTONCES?

Ezequiel 28:13 RVR1960 *"En Edén, en el huerto de Dios estuviste; de toda piedra preciosa era tu vestidura; de cornerina, topacio, jaspe, crisólito, berilo y ónice; de zafiro, carbunclo, esmeralda y oro; los primores de tus tamboriles y flautas estuvieron preparados para ti en el día de tu creación".*

En este huerto del cual dice la Biblia que Lucifer estaba, lo más probable es que estuvo ubicado en lo que hoy se le conoce como Jerusalén, y para ser más específico en Sión, donde en hebreo se conoce como Ziun ó Tziyyon, que significa "elevado o monte alto". Sión es el Monte Santo, espiritual del pueblo de Dios, y en mi opinión personal, ese fue el mismo monte que Dios puso a Lucifer, veamos:

Ezequiel 28:14 RVR1960 *"Tú, querubín grande, protector, yo te puse en el santo monte de Dios, allí estuviste; en medio de las piedras de fuego te paseabas".*

Fue desde ahí mismo que Lucifer expresó estas palabras:

Isaías 14:13 RVR1960 *"Tú que decías en tu corazón: subiré al cielo; en lo alto, junto a las estrellas de Dios, levantaré mi trono, y en el monte del testimonio me sentaré, a los lados del norte".*

¿Por qué pienso y estoy convencido que fue desde ahí que él expresó estas palabras?, porque tradiciones judías dicen que si se trazara una línea recta desde el templo de Jerusalén, hacia arriba, está llegaría al mismo trono de Dios. -¡Espérate, espérate! ¿Cómo fue que dijiste hermano Jonathan?, -Exactamente lo que entendiste, que ese era el lugar donde vivía Lucifer. -Pero todavía no entiendo, ¿Dónde era que vivía Lucifer entonces hermano Jonathan? -Lucifer vivía, donde dice la Biblia que él vivía, "en el huerto de Edén". Veamos lo que dice las Escrituras:

Ezequiel 28:13 RVR1960 *"En Edén, en el huerto de Dios estuviste..."*.

Fijémonos en un poderoso detalle, pronuncia primero la palabra Edén y luego la palabra huerto.

Génesis 2:15 RVR1960 *"Tomó, pues, Jehová Dios al hombre, y lo puso en el <<huerto de Edén>>, para que lo labrara y lo guardase"*.

¿Lo vio? Se lo explicaré, y es que la palabra Edén, significa lugar placentero, puro y natural, y en realidad lo era. Mientras que la palabra huerto, significa lugar cercado o rodeado de vallas. Ahora bien, le explicaré la gran diferencia de una cosa de la otra. Cuando Dios creó a Lucifer, no existía la maldad en lo absoluto, a diferencia de cuando Dios creó a Adán, ya existía el pecado o la maldad, aunque Adán era ajeno a eso. Por lo tanto, Lucifer vivía literalmente en un lugar muy placentero conocido como Edén, pero que a la misma vez, estaba en el huerto (lugar cercado o rodeado de valla), lo que me indica a mí esto es que el peligro iba asechar desde adentro (corazón de Lucifer), mientras que en el caso de Adán, primero menciona el huerto, lugar cercado o rodeado de valla, y luego menciona el Edén, lo que significa que Adán podía disfrutar del placer (Edén), siempre y cuando cuidara primero el huerto (lugar cercado o rodeado de valla), porque el peligro iba a venir desde afuera (Satanás) y no desde adentro (corazón). Diga conmigo; ¡Wow, Impresionante!

> *Lucifer vivía, donde dice la Biblia que él vivía, "en el huerto de Edén". Veamos lo que dice las Escrituras:*
>
> ***Ezequiel 28:13 RVR1960** "En Edén, en el huerto de Dios estuviste...".*

POR ESO ES QUE HAY UNA GUERRA CONSTANTE

La última profecía sobre la venida del Mesías con sus santos para establecer su reino eterno se cumplirá precisamente en este monte del cual yo les mencioné. Es por eso que usted puede ver y darse cuenta, porque es obvio que existe una alianza de fuerzas diabólicas que procuran por todos los medios, mantener la guerra sobre este lugar santo. Este es el motivo de la guerra permanente que siempre ha existido entre Israel y Palestina, y por ende se refleja en las regiones que le rodean, y dicho sea de paso, los palestinos son el antiguo pueblo filisteo, que siempre ha estado en guerra con Israel (porque hay quienes aseguran que la palabra filisteo en hebreo se decía "falestin" y es de ahí que se derriba la palabra palestino).

AQUÍ FUE DONDE COMENZÓ TODO MONTE DE SIÓN O MONTE MORIAH, Y AQUÍ ES DONDE TODO TERMINARÁ

Creo que fue aquí exactamente donde comenzó la gran batalla, porque en el día de la creación de Lucifer, Dios lo puso en el Edén, huerto de Dios, que reitero, en mi opinión personal, ese "huerto" estaba ubicado en lo que hoy es Jerusalén. ¿Por qué usted cree que Dios le dio esta tierra a Israel?, porque esta tierra es la más bella que existe sobre la faz de la tierra, aunque digan todo lo contrario, veamos:

Ezequiel 20:5-6 RVR1960 *"Diles: Así ha dicho Jehová el Señor: El día que escogí a Israel, y que alcé mi mano para jurar a la descendencia de la casa de Jacob, cuando me di a conocer a ellos en la tierra de Egipto, cuando alcé mi mano y les juré diciendo: Yo soy Jehová vuestro Dios; aquel día que les alcé mi mano, jurando así que los sacaría de la tierra de Egipto a la tierra que les había provisto, que fluye leche y miel, <<la cual es la más hermosa de todas las tierras>>".*

¿Usted cree que es pura casualidad que sea la tierra más bella sobre la faz de la tierra?, yo en lo personal, no lo creo. Quizás usted me diría, pero es que Edén estaba cerca del Éufrates, bueno veamos haber que es lo que dice en realidad la Biblia.

Génesis 2:10-14 RVR1960 *"<<Y salía de Edén un río para regar el huerto>>, <<y de allí se repartía en cuatro brazos>>. El nombre del uno era Pisón; éste es el que rodea toda la tierra de Havila, donde hay oro; y el oro de aquella tierra es bueno; hay allí también bedelio y ónice. El nombre del segundo río es Gihón; éste es el* *que rodea toda la tierra de Cus. Y el nombre del tercer río es Hidekel; éste es el que va al oriente de Asiria. Y el cuarto río es el Éufrates".*

Bueno creo que está muy claro que el río salía desde el mismo Edén y de ahí era que se repartía en 4 brazos, hasta llegar a lo que hoy se le conoce como Turquía, Siria e Irak, no se olviden que geográficamente Israel pertenece a Asia, y el pequeño Estado de Israel tiene fronteras al noreste con Siria, al norte con el Líbano, al este con Jordania, al suroeste con Egipto y al oeste con el Mar Mediterráneo. En otras palabras, está en el "centro de todo", tal y como lo ubica la Biblia en el texto que acabamos de leer, porque del mismo Edén, se repartía para todos los demás lugares.

SIÓN

Ahora retomando el tema del monte santo, Sión sería el Monte del Templo, el Monte Moriah (Génesis 22:5-8 RVR1960), donde Salomón construyó el primer templo de Jehová, lo que se le conoce como la primera gloria, veamos:

LA PRIMERA GLORIA

1 Reyes 6:38 RVR1960 *"Y en el undécimo año, en el mes de Bul, que es el mes octavo, fue acabada la casa con todas sus dependencias, y con todo lo necesario. La edificó, pues, en siete años".*

2 Crónicas 5:14 RVR1960 *"Y no podían los sacerdotes estar allí para ministrar, por causa de la nube; porque la gloria de Jehová había llenado la casa de Dios".*

La primera gloria fue la que Salomón primero edificó, como ya hemos visto, porque si el profeta dijo que venía una gloria postrera, fue porque tuvo que haber existido una primera, veamos:

LA GLORIA POSTRERA

Hageo 2:9 RVR1960 *"La gloria postrera de esta casa será mayor que la primera, ha dicho Jehová de los ejércitos; y daré paz en este lugar, dice Jehová de los ejércitos".*

La Biblia dice:

S. Marcos 11:10-11 RVR1960 *"¡Bendito el reino de nuestro padre David que viene! ¡Hosanna en las alturas! <<Y entró Jesús en Jerusalén>>, <<y en el templo>>; y habiendo mirado alrededor todas las cosas, como ya anochecía, se fue a Betania con los doce".*

La gloria postrera había hecho su aparición, pero ellos no se dieron cuenta. Es en el Monte Santo, donde Lucifer expresó estas palabras:

Isaías 14:13 RVR1960 *"Subiré al cielo; en lo alto, junto a las estrellas de Dios, levantaré mi trono, y en el monte del testimonio me sentaré, a los lados del norte".*

Edén, el huerto de Dios, es donde precisamente Dios ubicó en el principio a Lucifer (reitero nuevamente, en mi opinión) y en ese principio, ese huerto Dios lo ubicó, en lo que hoy se le conoce como Jerusalén, pero que antes se le llamaba el Edén, y fue desde ahí que Lucifer expresó esas palabras, porque como dije anteriormente, tradiciones judías dicen que si se trazara una línea recta desde el templo de Jerusalén hacia arriba, esta llegaría directamente al trono de Dios, ahora si diga conmigo; ¡Wow!.

Por eso creo que Dios le dijo a Abraham que sacrificará a su hijo en el Monte Moriah, porque lo más probable es que en ese lugar fue donde Dios tuvo que sacrificar un animal por primera vez, cuando Adán pecó contra Dios, por eso vuelvo y digo, ahí comenzó la primera batalla, y es ahí donde terminará (nota del autor: es mi opinión personal).

TEXTOS BÍBLICOS DE LO QUE PRESENTÉ

Génesis 3:21 RVR1960 *"Y Jehová Dios hizo al hombre y a su mujer túnicas de pieles, y los vistió".*

Génesis 22:2 RVR1960 *"Y dijo: toma ahora tu hijo, tu único, Isaac, a quien amas, y vete a tierra de Moriah, y ofrécelo allí en holocausto sobre uno de los montes que yo te diré".*

En el próximo capítulo vamos a ver porque razón Lucifer quería tener la "imagen" de Dios.

CAPÍTULO 2

EL GRAN CONFLICTO

Isaías 14:14 RVR1960 *"Sobre las alturas de las nubes subiré, y seré <<semejante>> al Altísimo".*

El portar la semejanza de Dios, le daba acceso a Lucifer al poder, porque la semejanza de Dios es como un código de autoridad y poder, y cualquiera que la poseyera tenía acceso al poder y a la autoridad, y Lucifer sabía eso, por tal razón lo quería.

SU UBICACIÓN TUVO QUE HABER SIDO EN LA TIERRA

E s muy interesante que nos fijemos en el detalle del mismo texto Bíblico que acabamos de leer, la Biblia dice que Lucifer dijo:

Isaías 14:14 RVR1960 *"Sobre las alturas de las nubes subiré".*

Aquí está hablando del primer cielo, no del segundo, por lo tanto, vuelvo y reitero que Lucifer vivía en la tierra y no en el cielo donde muchos piensan que vivía, porque al expresar:

Isaías 14:14 RVR1960 *"Sobre las alturas de las nubes subiré".*

Da a entender (nota del autor: en mi opinión personal), que estaba en la tierra, porque el primer cielo es donde están las nubes, el segundo cielo es donde están las estrellas, el sol y la luna, y el tercer cielo es donde mora el Eterno (esto lo explicaré mejor en el capítulo 5). Porque si usted presta mucha atención a estas palabras él dijo, vuelvo y reitero:

Isaías 14:14 RVR1960 *"<<Sobre>> las <<alturas>> de las <<nubes>> <<subiré>>".*

Lo que quiere decir es, que el subiría "sobre" las altura de las "nubes", o sea que no se iba a quedar en el primer cielo, sino que el "subiría" al tercer cielo, donde mora Dios. Por lo tanto aquí hay una evidencia Bíblica más, de que la morada de Lucifer no era en el cielo, sino en lo que hoy conocemos como la tierra.

Por eso es que la interpretación correcta del Génesis 1:2, debería mejor traducirse, *"y la tierra llegó a estar, desordenada y vacía"* (Refiriéndose a la caída de Lucifer, cuando lo sacaron a patadas de allá arriba).

Ahora quizás usted podría pensar, ¡Pero es que ese mensaje (Isaías 14:14) fue dirigido al rey de Babilonia!, acuérdese como lo expliqué en el capítulo 1, esto es una tipología, porque la realidad es que fue dirigido al poder detrás del rey de Babilonia, a Lucifer.

¿QUÉ ES LA HERMENÉUTICA?

Esto es lo que a mí en lo personal me fascina de la hermenéutica (conforme al Diccionario Manual de la Lengua Española Vox. © 2007 Larousse Editorial, S.L.), esta palabra significa: Disciplina que estudia la interpretación de los textos con el fin de averiguar su verdadero sentido o significado (énfasis añadido por el autor).

Ahora para entrar más a profundidad, esta palabra viene del griego y se pronuncia hermeneutiké tejne, que quiere decir el arte de explicar, traducir o interpretar y esto es exactamente lo que trato de hacer. Ahora leamos ¿por qué Lucifer quería subir al tercer cielo y cuál era su meta?

SEMEJANZA

El texto continúa diciendo:

Isaías 14:14 RVR1960 *"...Y seré <<semejante>> al Altísimo".*

La palabra semejante, se pronuncia en hebreo damá, que significa; comparar o parecerse.

Quizás para muchos esto no tiene mucho significado, pero para mí sí, y les diré porque. El portar la semejanza de Dios, le daba acceso a Lucifer al poder, porque la semejanza de Dios es como un código de autoridad y poder, y cualquiera que la poseyera tenía acceso al poder y a la autoridad, y Lucifer sabía eso, por tal razón lo quería. Esa fue la causa que desató el "gran conflicto en el huerto de Edén", cuando Dios creaba al hombre. Veamos porque, pero antes quiero definirles lo que significa la palabra "conflicto".

Un conflicto es una situación en que dos o más individuos con intereses contrapuestos entran en confrontación, oposición o emprenden acciones mutuamente antagonistas, con el objetivo de neutralizar, dañar o eliminar a la parte rival.

TEXTO BÍBLICO

Entonces dijo Dios:

Génesis 1:26-28 RVR1960 *"Hagamos al hombre a nuestra <<imagen>>, conforme a nuestra <<semejanza>> (damá - énfasis añadido por el autor) y <<señoree>> en los peces del mar, en las aves de los cielos, en las bestias, en toda la tierra, y en todo animal que se arrastra sobre la tierra. Y creó Dios al hombre a su <<imagen>>, a <<imagen>> de Dios lo creó; varón y hembra los creó. Y los bendijo Dios, y les dijo: Fructificad y multiplicaos; llenad la tierra, y <<sojuzgadla>>, y <<señoread>> en los peces del mar, en las aves de los cielos, y en todas las bestias que se mueven sobre la tierra".*

ESO ERA EXACTAMENTE LO QUE QUERÍA LUCIFER

Todo estaba bien en el momento de la creación, hasta que Dios pronunció la palabra, semejanza (damá), y quiero aclarar que la misma palabra que Isaías utiliza para "semejanza", en Isaías 14:14 VR1960, es la misma que se utiliza en Génesis 1:26-28, por lo tanto tienen la misma connotación (relación que se establece entre varias cosas).

Por eso cuando Dios dijo que haría al hombre a su "imagen y semejanza", fue un impacto e impresión a la misma vez para Lucifer, porque me imagino yo al Diablo decir; -¿Cómo es posible?, ¡si yo quise la imagen y semejanza de Dios, y me sacaron del cielo a patadas, y ahora Dios dice, que haría al hombre a su imagen y semejanza!, ¡esto no puede ser posible! Lo que Lucifer no sabía era, que esto no era de quien lo quería, sino a quien Dios se lo quería otorgar, pues para Dios darle por la cabeza a Satanás, creó al hombre exactamente con lo que él quería poseer la "semejanza y lo puso en el mismo lugar de donde a él lo sacaron".

Romanos 9:15-18 RVR1960 *"Pues a Moisés Dios le dijo; tendré misericordia del que yo tenga misericordia, y me compadeceré del que yo me compadezca. Así que no depende del que quiere, ni del que corre, sino de Dios que tiene misericordia. Porque la Escritura dice a Faraón: Para esto mismo te he levantado, para mostrar en ti mi poder, y para que mi nombre sea anunciado por toda la tierra. De manera que de quien quiere, tiene misericordia, y al que quiere endurecer, endurece".*

Diga conmigo; ¡wow, pa mí, fue eso!

Lucifer podía haber expresado otra cosa, pero no fue así, el solo quería la semejanza de Dios, porque al tener la semejanza de Dios, lo tenía todo. Ahora desde ese momento en adelante, cuando Dios pronunció que le daría "la imagen y la semejanza" al hombre, Lucifer se declaró enemigo del hombre, sin Adán saberlo, aunque más tarde él se daría cuenta.

Un conflicto es una situación en que dos o más individuos con intereses contrapuestos entran en confrontación, oposición o emprenden acciones mutuamente antagonistas, con el objetivo de neutralizar, dañar o eliminar a la parte rival.

Fijémonos también en el detalle que les mencioné atrás, que cualquiera que tuviera la imagen y semejanza de Dios, tenía acceso al poder, si te fijaste detenidamente en el texto que acabamos de leer, tan pronto como Dios menciona la palabra "imagen y semejanza" habla luego de que el hombre se iba a señorear sobre los peces, aves del cielo y los animales que se arrastran sobre la faz de la tierra, y como si fuera poco, el portar la imagen y semejanza de Dios, nos da el poder de fructificar y multiplicarnos sobre la faz de la tierra, y esto era lo que el Diablo quería, tener el poder de crear, cosa que él no puede hacer. También al tener la imagen y semejanza de Dios, nos da el poder de sojuzgar la tierra, en otras palabras, tenemos el poder de Dios, tanto en la tierra, mar y en el cielo.

¡Aleluya al Señor por eso!, porque al Altísimo así le plació, cuando tu ni yo lo procuramos, ni lo buscamos, a nuestro Padre celestial le plació darnos ese código secreto, que hasta hoy le es revelado al hombre "imagen y semejanza".

Años más tarde Jesús confirmó estas palabras cuando les dijo a sus discípulos:

S. Mateo 16:19 RVR1960 *"Y a ti te daré las llaves del reino de los cielos; y todo lo que atares en la tierra será atado en los cielos; y todo lo que desatares en la tierra será desatado en los cielos".*

Todo esto porque portamos con la imagen y semejanza de Dios. Es bueno conocer esto, para que puedas entender hermano o hermana, porque es que el Diablo te hace tanto la guerra, y es que tú tienes lo que él quiso tener imagen y semejanza. No es simplemente por el ministerio que tienes, el don o talento que tengas, sino porque en ti hay algo que se llama semejanza.

TENEMOS TANTO PODER, PERO NO SABEMOS USARLO

Tenemos tanto poder, en el cielo como en la tierra, que un hombre fue capaz de darle orden al sol y a la luna, aunque sabemos nosotros ahora, que el sol y la luna no son los que se mueven, si no es el planeta llamado Tierra, veamos por favor:

Josué 10:12-14 RVR1960 *"Entonces Josué habló a Jehová el día en que Jehová entregó al amorreo delante de los hijos de Israel, y dijo en presencia de los israelitas: Sol, detente en Gabaón; Y tú, luna, en el valle* de Ajalón. *Y el sol se detuvo y la luna se paró, Hasta que la gente se hubo vengado de sus enemigos. ¿No está escrito esto en el libro de Jaser? Y el sol se paró en medio del cielo, y no se apresuró a ponerse casi un día entero. Y no hubo día como aquél, ni antes ni después de él, habiendo atendido Jehová a la voz de un hombre; porque Jehová peleaba por Israel".*

Solo me resta decir; ¡wow que impresionante es esto! Tenemos tanto poder que si supiéramos usarlo, pondríamos a nuestro Dios tan en alto, que las demás naciones respetarían a Dios como ocurría en los tiempos Bíblicos. El problema es que no sabemos cómo usarlo, ni como pedirlo, porque el poder no es para glorificarnos a nosotros mismos, sino a Dios.

Santiago 4:3 RVR1960 *"Pedís, y no recibís, porque pedís mal, para gastar en vuestros deleites".*

SATANÁS LOGRÓ LO QUE QUERÍA

Hay un refrán en Puerto Rico y quizás en otras partes también donde dice; "más sabe el Diablo por viejo que por Diablo", lo que significa, que los años le han enseñado al Diablo como conocer al hombre y no por su título de Diablo.

Cuando visualizamos y escudriñamos este verso Bíblico entenderemos el refrán que les acabo de mencionar, leamos por favor:

Génesis 2:15 RVR1960 *"<<Tomó>>, pues, Jehová Dios al hombre, y lo <<puso>> en el <<huerto de Edén>>, para que lo <<labrara y lo guardase>>".*

¿QUÉ SIGNIFICA LA PALABRA HUERTO Y EDÉN?

Como bien les expliqué en el capítulo 1, la palabra "huerto" en hebreo se pronuncia hortos, que significa; un lugar cercado o rodeado de vallas.

-¿Por qué tenía que estar rodeado de vallas o cercado, si no "existía la maldad"?, -ya mismo vamos a ver porque, no se me desespere.

La otra palabra que quiero definir aquí también es, la palabra "Edén", porque esta palabra suele ser utilizada como sinónimo del paraíso. La Biblia Septuaginta tradujo la palabra hebrea para "jardín" como gan, por la palabra griega parádeisos, que a la vez proviene del persa antiguo-pardes, que significa jardín o huerto, usándolo así para aludir al jardín del Edén. Sin embargo "Edén", es una palabra de origen acadio, un pueblo de raíz semita ubicado en Mesopotamia, que significa "placer", cuyo significado se refiere a un lugar que es puro y natural, mientras que la palabra "paraíso" originalmente se refiere a un bello jardín extenso.

¿POR QUÉ ADÁN TENÍA QUE LABRAR Y GUARDAR EL HUERTO DE EDÉN?

Dejando atrás el tema del huerto de Edén, y acercándonos a las palabras "labrar" y "guardar" que sobresalen en este versículo Bíblico, podremos quizás entender muchas de nuestras preguntas, veamos por qué, nunca se ha preguntado usted, ¿por qué razón Dios le dice Adán que lo "labrara" y lo "guardase", si el mal "no existía?, les diré porque, pero antes veamos que significa la palabra "tomó".

La palabra "tomó" se pronuncia en hebreo lacák y

significa alejar, quitar, o sacar. Ósea que Dios alejó, quitó o sacó Adán, -¿de dónde? -¿No habrá sido que lo estaba alejando del peligro?, porque acuérdate que luego dice:

Génesis 2:15 RVR1960 *"Tomó, pues, Jehová Dios al hombre, y lo <<puso>> en el <<huerto de Edén>>, para que lo labrara y lo guardase".*

Lo "puso, en el huerto de Edén", ¿te acuerdas que te expliqué que la palabra "huerto", significa lugar cercado o rodeado de vallas?, es decir que Dios vio peligro para Adán y lo puso en un lugar cercado y protegido, pero él tenía que labrarlo y cuidarlo. Lo que yo entiendo amados con esto, es que Adán dejó de hacerlo con el tiempo labrarlo y cuidarlo y Satanás, como no pierde la más mínima oportunidad, fue ahí que entró, veamos porque les digo esto.

La palabra "labrar" significa trabajar en todo el sentido, ministrar, sujetar, o prestar atención (Nueva Concordancia Strong Exhaustiva). Primero, cuando Dios le dijo a Adán que labrara la tierra, le está dando la responsabilidad de rey, que es ocuparse de los asuntos materiales en el pueblo, en este caso de su familia (casa), pero aquí cuando le dijo guárdalo, ya le estaba dando la responsabilidad de sacerdote, para que se ocupara de lo espiritual, la Biblia dice:

Apocalipsis 1:6 RVR60 *"Y nos hizo reyes y sacerdotes para Dios, su padre; a Él sea gloria e imperio por los siglos de los siglos. Amén".*

Vemos estas palabras de cerca, con esto Dios le está advirtiendo de un mal que todavía Adán no conocía, porque al decirle "guárdalo", le estaba diciendo, tienes que cercarla alrededor y mantenerla en buenas condiciones, para que nadie extraño pueda entrar, tienes que guardar todo lo que está a dentro, incluyendo a tu esposa, que aunque en ese tiempo que Dios le dijo esto lábralo y guárdalo, todavía Eva no había sido fabricada para el hombre, pero ya en el corazón de Dios estaba dársela, pero por alguna razón se lo estaba diciendo, pues ya Dios sabía lo que pasaría en un futuro.

Tienes que aprender a custodiar lo que puse en tus manos Adán, a proteger lo que es tuyo, a velar, a vigilar, y mirar con precaución, lo que entra y lo que sale de tu huerto, para que en el momento que tengas que ejercer autoridad lo hagas, y así de esa manera puedas advertir cuando el peligro se acerca. Todo esto hermanos, es más o menos lo que Dios le quiso decir a Adán, con solo esas dos palabras "lábralo" y "guárdalo".

Me quiero detener un momento en la palabra "cercar alrededor", porque Satanás iba a estar pendiente, aquí esta lo que les mencione en el capítulo 1. Porque nadie puede entrar a un lugar sino conoce su entrada, y Satanás la conocía muy bien, aparte de que él estuvo vigilándolos por muchos años, también él mismo estuvo en ese huerto, del que lo echaron a patadas, y él ahora iba a procurar de que Dios hiciera lo mismo con el hombre, por eso Dios advierte Adán que lo protegiera. Nunca amados de Dios pasemos por alto cualquier advertencia que Dios nos dé, porque lo que Dios sabe, tu no lo sabes, y lo que Dios ve, tu no lo puedes estar viendo, solo obedécelo y punto, si eres hijo, Dios siempre te guiará.

Romanos 8:14 RVR1960 *"Porque todos los que son guiados por el Espíritu de Dios, éstos son hijos de Dios".*

No simplemente te guiará, sino que también te protegerá.

Salmos 91:3-4 RVR1960 *"Él te librará del lazo del cazador, de la peste destructora. Con sus plumas te cubrirá, y debajo de sus alas estarás seguro; escudo y adarga es su verdad".*

AÑOS DE COMUNIÓN CON DIOS

Ahora, ¿cuántos años aproximadamente Adán disfrutó de la comunión con Dios sin pautas (sin interrupciones)? He aquí mi conclusión, pero primero veamos lo que dice la Biblia al respecto:

Génesis 4:1-2 RVR1960 *"Conoció Adán a su mujer Eva, la cual concibió y dio a luz a Caín, y dijo: Por voluntad de Jehová he adquirido varón. Después dio a luz a su hermano Abel. Y Abel fue pastor de ovejas, y Caín fue labrador de la tierra".*

Acordémonos que ya tanto Adán como Eva habían pecado delante de Dios, porque su caída fue en el capítulo 3, tal y como lo presenta la Biblia en el libro de Génesis, y ahora en el capítulo 4, nos presenta que tanto Adán como Eva, habían tenido su primogénito llamado Caín, que por eso es que Eva expresa:

Tienes que aprender a custodiar lo que puse en tus manos Adán, a proteger lo que es tuyo, a velar, a vigilar, y mirar con precaución, lo que entra y lo que sale de tu huerto, para que en el momento que tengas que ejercer autoridad lo hagas, y así de esa manera puedas advertir cuando el peligro se acerca.

Génesis 3:15 RVR1960 *"Por voluntad de Jehová he adquirido varón, pensando así ella, que ese sería el de la promesa de redención, pero fue todo lo contrario. Y pondré enemistad entre ti y la mujer, y entre tu simiente y la simiente suya; ésta te herirá en la cabeza, y tú le herirás en el calcañar".*

Luego tuvieron su segundo hijo llamado Abel, pero cuando leemos el capítulo 5 del libro de Génesis, tenemos una visión mucho más clara, veamos:

Génesis 5:3 RVR1960 *"Y vivió Adán ciento treinta años, y engendró un hijo a su <<semejanza>> (caída - énfasis añadido por el autor), conforme a su<< imagen>>, y llamó su nombre Set".*

El tiempo que aproximadamente Adán disfrutó de la intimidad y de la comunión con Dios, sin pautas, fueron aproximadamente cien años y un poquito más. Eso quiere decir amados hermanos, que por más de un siglo Satanás estuvo intentando, planificando, estudiando al hombre y a la mujer y sus puntos débiles, y en un descuido, el hombre le abre una brecha a Satanás y lo digo sin temor a equivocarme, y fue ahí donde Satanás entró y engañó a la creación de Dios, logrando así su objetivo y celebrando lo que había hecho.

Dios sacó al hombre del huerto de Edén, lo que Satanás no sabía era que Dios en su infinita misericordia, nos volvería a entregar ese lugar maravilloso conocido como el huerto de Edén, veamos:

Apocalipsis 22:2 RVR1960 *"En medio de la calle de la ciudad, y a uno y otro lado del río, estaba el árbol de la vida, que produce doce frutos, dando cada mes* *su fruto; y las hojas del árbol eran para la sanidad de las naciones".*

Donde se encontraba ese único árbol era en el huerto de Edén, ¡Aleluya al Señor! Ahora, ¿qué significa la palabra brecha? Una brecha significa: Una abertura, una grieta, especialmente se refiere a una grieta en una muralla. Por tal razón era que Dios quería que Adán se mantuviera haciendo vallado, para que no se abriera una grieta.

DIOS SIEMPRE ESTÁ EN BUSCA DE ALGUIEN QUE HAGA UN VALLADO

Ezequiel 22:30 RVR1960 *"Y busqué entre ellos hombre que hiciese vallado y que se pusiese en la brecha delante de mí, a favor de la tierra, para que yo no la destruyese; y no lo hallé".*

Es hora pueblo de Dios de hacer "vallado" por nuestros familiares, por nuestros ministerios, por nuestros hijos e hijas, por nuestros pastores, por nuestros líderes, etc., no podemos seguir permitiendo que el Diablo siga entrando a nuestros "huertos" y quitando todo lo que Dios nos ha entregado, creo que es tiempo de entrar en guerra y volver a conquistar lo que era nuestro. Hombres y mujeres de Dios, están necesitando a alguien que les haga vallado, tomemos el ejemplo de Abisai hijo de Salvia, que cuando David rey de Israel se sentía débil, Abisai fue capaz de hacerle vallado, sin importarle perder su propia vida, si le era necesario, contar de cuidar el siervo de Dios, llamado David, eso es lo que se le conoce en este tiempo como un buen guarda espalda, veamos:

2 Samuel 21:17 RVR1960 *"Mas Abisai hijo de Sarvia llegó en su ayuda, e hirió al filisteo y lo mató. Entonces los hombres de David le juraron, diciendo: Nunca más de aquí en adelante saldrás con nosotros a la batalla, no sea que apagues la lámpara de Israel".*

¿QUÉ ES UN VALLADO?

Un vallado es rodear con un cerco o pared, para proteger a alguien o algo. Como lo registra el libro de Job.

Job 1:10 RVR1960 *"¿No le has <<cercado alrededor>> a él y a su casa y a todo lo que tiene? Al trabajo de sus manos has dado bendición; por tanto, sus bienes han aumentado sobre la tierra".*

El Diablo sabe muy bien quien tiene ese "vallado". Ahora, cuando ese vallado no está, esto es lo que puede pasar:

Eclesiastés 10:8 RVR1960 *"El que hiciere hoyo caerá en él; y al que aportillare vallado, le morderá la serpiente".*

Esta palabra aportillaré, significa abrir, caer, derribar, destruir, quebrantar, romper. Cuando tu vallado se rompe, se quebranta, se derriba o se destruye, es ahí donde la serpiente te morderá, como lo fue en el caso de Job, que por razones obvias Dios le quito el vallado, y la serpiente le mordió, aunque en este caso en específico, fue Dios quien le quito el vallado, para darle el doble de lo que ya el tenia.

Job 1:13-22 RVR1960 *"Y un día aconteció que sus hijos e hijas comían y bebían vino en casa de su her-*

mano el primogénito, y vino un mensajero a Job, y le dijo: Estaban arando los bueyes, y las asnas paciendo cerca de ellos, y acometieron los sabeos y los tomaron, y mataron a los criados a filo de espada; solamente escapé yo para darte la noticia. Aún estaba éste hablando, cuando vino otro que dijo: Fuego de Dios cayó del cielo, que quemó las ovejas y a los pastores, y los consumió; solamente escapé yo para darte la noticia. Todavía estaba éste hablando, y vino otro que dijo: Los caldeos hicieron tres escuadrones, y arremetieron contra los camellos y se los llevaron, y mataron a los criados a filo de espada; y solamente escapé yo para darte la noticia. Entre tanto que éste hablaba, vino otro que dijo: Tus hijos y tus hijas estaban comiendo y bebiendo vino en casa de su hermano el primogénito; y un gran viento vino del lado del desierto y azotó las cuatro esquinas de la casa, la cual cayó sobre los jóvenes, y murieron; y solamente escapé yo para darte la noticia. Entonces Job se levantó, y rasgó su manto, y rasuró su cabeza, y se postró en tierra y adoró, y dijo: Desnudo salí del vientre de mi madre, y desnudo volveré allá. Jehová dio, y Jehová quitó; sea el nombre de Jehová bendito. En todo esto no pecó Job, ni atribuyó a Dios despropósito alguno".

Retomando el texto de Isaías nuevamente, veamos cómo es que continua Lucifer diciendo:

Isaías 14:14 RVR1960 *"Sobre las alturas de las nubes subiré, y seré semejante al <<Altísimo>>".*

Quiero explicar la palabra Altísimo, pero esto lo haré en el próximo capítulo.

CAPÍTULO 3

EL ELYON

Isaías 14:14 RVR1960 *"Sobre las alturas de las nubes subiré, y seré semejante al <<Altísimo>>".*

Nimrod fue aquel personaje, que hizo a la gente rebelarse en contra de Dios, porque su nombre también pudiera traducirse en el hebreo como "marad", que significa nos revelaremos, indicando así de esa manera una resistencia violenta en contra del Creador.

Loa palabra "Elyon", es un adjetivo que significa "alto", y se deriva de la raíz' "lh" que significa "subir". Se utiliza también para describir la altura. "El Elyon" habla de la supremacía de Dios. Él está por encima de todo, eso es exactamente lo que significa ese maravilloso nombre, pero en palabras más precisas, esta palabra significa el más Fuerte de los Fuertes y el más Alto de los Altos, en otras palabras, Él es el mero mero. Veamos lo que el apóstol Pablo describe en el libro de los Colosenses:

Colosenses 1:16-17 RVR1960 *"Porque en Él fueron creadas todas las cosas, las que hay en los cielos y las que hay en la tierra, visibles e invisibles; sean tronos, sean dominios, sean principados, sean potestades; todo fue creado por medio de Él y para Él. Y Él es antes de todas las cosas, y todas las cosas en Él subsisten;".*

Dios está por encima de todas las cosas, por tal razón Jesús es nuestro gran Elyon. Veamos un pasaje Bíblico de un personaje del cual muy pocos escritores hablan y ese personaje es Nimrod, y me gustaría tocarlo por encimita, para explicarle el peligro que hay de desear un nombre (título o fama).

UN NOMBRE

Génesis 10:8-12 RVR1960 *"Y Cus engendró a <<Nimrod>>, quien llegó a ser <<el primer poderoso en la tierra>>. Éste fue vigoroso cazador <<delante de Jehová>>; por lo cual se dice: Así como <<Nimrod>>, vigoroso cazador <<delante de Jehová>>. <<Y fue el comienzo de su reino>> Babel, Erec, Acad y Calne, en la tierra de Sinar. De esta tierra salió para Asiria, y edificó*

Nínive, Rehobot, Cala, y Resén entre Nínive y Cala, la cual es ciudad grande".

¿QUIÉN FUE NIMROD?

Después del diluvio de Noé, este hombre, llamado Nimrod se cree que fue el que motivo a la gente a construir Babel, leamos:

Génesis 11:4, 9 RVR1960 *"Y dijeron: Vamos, edifiquémonos una ciudad y una torre, cuya cúspide llegue al cielo; y hagámonos un nombre, por si fuéremos esparcidos sobre la faz de toda la tierra. Por esto fue llamado el nombre de ella Babel, porque allí confundió Jehová el lenguaje de toda la tierra, y desde allí los esparció sobre la faz de toda la tierra".*

Fue Nimrod quien estuvo detrás de todo esto y les diré porque. Su nombre es traducido del hebreo "Gibor", cuyo significado es "tirano o rebelde", como bien menciona la enciclopedia Judía, Nimrod fue aquel personaje, que hizo a la gente rebelarse en contra de Dios, porque su nombre también pudiera traducirse en el hebreo como "marad", que significa nos revelaremos, indicando así de esa manera una resistencia violenta en contra del Creador, tal y como sucedió en el Génesis 11, pero esto no termina ahí, leamos porque:

Génesis 10:9 RVR1960 *"Éste fue vigoroso cazador delante de Jehová; por lo cual se dice: Así como Nimrod, vigoroso cazador delante de Jehová".*

La palabra "delante de Jehová" se traduce literalmente ante Jehová, y esta palabra "ante", por lo menos en este caso en específico, denota un significado negativo en vez de positivo, para traducírselo en la versión Rivera (expresión utilizada por el evangelista Jonathan Rivera), Nimrod estaba en "contra de Jehová", ya que delante de Jehová, como lo traduce la Reina Valera 1960, no es la traducción más correcta, por que más bien debiera haberse traducido como aparece en el original hebreo "en contra de Jehová".

Ya que su nombre también significa rebelión. Este fue el hombre que construyó varias ciudades para establecer su reino, porque fue el primer rey que menciona la Biblia, este llegó a fundar entre otras ciudades que fueron famosas por sus prácticas de idolatría, hechicerías y transgresiones a la ley de Dios, las ciudades de Babel, Ur y Nínive (Génesis 10:8-12). El meollo (la parte más importante dé lo que estoy hablando aquí), es que ellos querían un "nombre" y es ahí donde comienza el problema de todos. Aquí fue donde comenzó el gran problema de Lucifer (cuando quiso la semejanza del Altísimo - Elyon), igual que el rebelde de Nimrod, que sin lugar a duda era el "Diablo" en la tierra, promoviendo la rebelión contra Dios, lo mismo que hizo con la tercera parte de los ángeles, esto lo explicaré más adelante.

Este Nimrod se cree que fue el primer hombre que trabajo con el satanismo, la brujería, la hechicería etc. Habiéndoles explicado con claridad un poco de quien fue Nimrod, y su gran pecado contra Dios, vamos al pasaje Bíblico del profeta Ezequiel.

LA DECLARACIÓN DEL PROFETA EZEQUIEL

Ezequiel 28:11-19 RVR1960 *"Vino a mí palabra de Jehová, diciendo: Hijo de hombre, levanta <<ende-*

chas>> *sobre el rey de Tiro, y dile: Así ha dicho Jehová el Señor: Tú eras el <<sello de la perfección>>, <<lleno de sabiduría>>, << y acabado de hermosura>>. <<En Edén>>, en el huerto de Dios estuviste>>; de toda piedra preciosa era tu vestidura; de cornerina, topacio, jaspe, crisólito, berilo y ónice; de zafiro, carbunclo, esmeralda y oro; los primores de tus tamboriles y flautas <<estuvieron preparados para ti en el día de tu creación>>. <<Tú, querubín grande, protector, yo te puse en el santo monte de Dios>>, <<allí estuviste; en medio de las piedras de fuego te paseabas>>. <<Perfecto eras en todos tus caminos desde el día que fuiste creado, hasta que se halló en ti maldad>>. <<A causa de la multitud de tus contrataciones fuiste lleno de iniquidad, y pecaste; por lo que yo te eché del monte de Dios, y te arrojé de entre las piedras del fuego, oh querubín protector>>. <<Se enalteció tu corazón a causa de tu hermosura, corrompiste tu sabiduría a causa de tu esplendor; yo te arrojaré por tierra; delante de los reyes te pondré para que miren en ti>>. <<Con la multitud de tus maldades y con la iniquidad de tus contrataciones profanaste tu santuario>>; yo, pues, saqué fuego de en medio de ti, el cual te consumió, y te puse en ceniza sobre la tierra a los ojos de todos los que te miran. Todos los que te conocieron de entre los pueblos se maravillarán sobre ti; espanto serás, y para siempre dejarás de ser".*

Cuando el profeta hace esta tipología, está usando al rey de Tiro para referirse más bien a Lucifer, (Satanás o el Diablo), pero antes como siempre, permítame explicarle que significa la palabra tipología, ya que la he usado en varias ocasiones en este libro.

EXPLICACIÓN DE LA PALABRA TIPOLOGÍA

La tipología representa una de las modalidades interpretativas fundamentales de la Biblia, que podemos observar constantemente en las Escrituras. El término "tipo" se deriva del sustantivo griego tipos, que significa ante todo sello, forma y por tanto, en sentido abstracto, modelo, imagen, o figura. El significado general de modelo se puede encontrar en el epistolario Paulino, donde el mismo Pablo se presenta como ejemplo para su comunidad, veámoslo:

Este Nimrod se cree que fue el primer hombre que trabajo con el satanismo, la brujería, la hechicería etc. Habiéndoles explicado con claridad un poco de quien fue Nimrod, y su gran pecado contra Dios.

Filipenses 3:17 RVR1960 *"Hermanos, sed imitadores de mí, y mirad a los que así se conducen según el ejemplo que tenéis en nosotros".*

También uno de los tantos ejemplos lo podemos encontrar en 2 De Tesalonicenses, donde dice:

2 Tesalonicenses 3:9 RVR1960 *"No porque no tuviésemos derecho, sino por daros nosotros mismos un ejemplo para que nos imitaseis".*

Sin embargo, el mismo Pablo parece atestiguar, en términos lingüísticos, la utilización de "tipos" para designar la interpretación tipológica del Antiguo Testamento, como lo fue en el caso de 1 De Corintios capítulo 10, veámoslo:

1 Corintios 10:1-11 RVR1960 *"Porque no quiero,*

hermanos, que ignoréis que nuestros padres todos estuvieron bajo la nube, y todos pasaron el mar; y todos en Moisés fueron bautizados en la nube y en el mar, y todos comieron el mismo alimento espiritual, y todos bebieron la misma bebida espiritual; porque bebían de la roca espiritual que los seguía, y la roca era Cristo. Pero de los más de ellos no se agradó Dios; por lo cual quedaron postrados en el desierto. Mas estas cosas sucedieron como ejemplos para nosotros, para que no codiciemos cosas malas, como ellos codiciaron. Ni seáis idólatras, como algunos de ellos, según está escrito: Se sentó el pueblo a comer y a beber, y se levantó a jugar. Ni forniquemos, como algunos de ellos fornicaron, y cayeron en un día veintitrés mil. Ni tentemos al Señor, como también algunos de ellos le tentaron, y perecieron por las serpientes. Ni murmuréis, como algunos de ellos murmuraron, y perecieron por el destructor. Y estas cosas les acontecieron como ejemplo, y están escritas para amonestarnos a nosotros, a quienes han alcanzado los fines de los siglos".

Aquí como pudimos ver, establece una relación entre los acontecimientos del Éxodo, donde el pueblo hebreo, fue bautizado bajo la nube. Así pues, en esta interpretación del Antiguo Testamento Pablo parece establecer una relación tipológica entre dos acontecimientos centrales de la historia de la salvación. Al contrario, en Romanos 5:14 se define a Adán como ejemplo o figura del que tenía que venir, refiriéndose a Jesucristo. Esta vez Pablo establece no tanto una conexión histórica entre dos acontecimientos, sino entre dos personas, Adán y Cristo, acompáñeme por favor a leerlo conmigo:

Romanos 5:14 RVR1960 *"No obstante, reinó la muerte desde Adán hasta Moisés, aun en los que no pecaron a la manera de la transgresión de Adán, el cual es figura del que había de venir".*

En palabras sencillas, la palabra tipología simplemente es un ejemplo, una figura, una forma o modelo de presentar algo.

ÉL LO FIRMO ANTES DE DECLARARLO PERFECTO

Tomando el tema de regreso, cuando el profeta Ezequiel declara la palabra "endecha", sobre el "rey de Tiro" lo que está diciendo en su significado hebreo es: rasga una nota musical, o cántate un lamento en un funeral (énfasis añadido por el autor - Nueva Concordancia Strong Exhaustiva). Porque si alguien conocía y sabia de música ese era Lucifer. Es impresionante ver, que el profeta sigue declarando y dice:

Ezequiel 28:12 RVR1960 *"Tú eras el <<sello>> de la <<perfección>>, lleno de <<sabiduría>>, y acabado de <<hermosura>>".*

Vamos paso por paso, porque quiero que entiendas esto a cabalidad, primero le dice que él era "el sello", Ahora, ¿qué significa esta palabra y cómo se pronuncia?, esta palabra se pronuncia-"kjatám" y significa cerrar, poner fin a algo, firmar o señalar. Me impresiona cuando descubro estos significados por la sencilla razón, de que tu no cierras algo, y mucho menos lo firma, hasta que no hayas leído todo el contenido y estés de acuerdo o hayas acabado de leer todo, además esto era un instrumento que se usaba para imprimir una marca distintiva tanto para arcilla como para cera, con el fin de indicar autenticidad o autoridad; seguridad de que algo estaba completo o acabado, y también, ratificación, etc. (diccionario Bíblico).

Luego que habla de sello, la palabra que le sigue es "perfección", esta palabra se pronuncia-"kalîl", que significa, algo que está completo, acabado del todo o entero totalmente, ósea por eso fue que el Padre lo selló, porque era perfecto y lleno de sabiduría. No pasemos por alto, que para Lucifer estar lleno de sabiduría, tenía que tener temor a Dios, veamos lo que dice la Biblia respecto a eso.

Proverbios 9:10 RVR1960 *"El temor de Jehová es el principio de la sabiduría, Y el conocimiento del Santísimo es la inteligencia"*.

Y esa misma sabiduría era lo que lo hacía ser hermoso a él.

FUE VESTIDO CON LAS MEJORES ROPAS

No creo que sea necesario que explicar la parte donde habla de Edén, porque creo haberlo explicado muy bien en el capítulo anterior (2), pero si quiero mencionarles amados lectores, sobre las vestimentas que le fueron preparadas a Lucifer en el día de su creación, y los instrumentos de música, que también estuvieron preparados para ese gran día, leamos por favor:

Ezequiel 28:13 RVR1960 *"En Edén, en el huerto de Dios estuviste; de toda piedra preciosa era tu vestidura; de cornerina, topacio, jaspe, crisólito, berilo y ónice; de zafiro, carbunclo, esmeralda y oro; los primores de tus tamboriles y flautas estuvieron preparados para ti en el día de tu creación"*.

LA MEJOR MÚSICA FUE PREPARADA PARA ÉL

Nunca se ha puesto a pensar, sobre las modas que existen en el siglo 21, en cuanto a las ropas se refiere, y sobre la música rara que se está oyendo o escuchando aun dentro de las iglesias hoy día, esto a mí en lo personal me preocupa demasiado, porque el Diablo mejor que nadie sabe qué tipo de ropas y música son de agrado a Dios, hemos pasado por alto que la Biblia está llena de textos Bíblico de como la mujer debe vestir, y como es que el hombre debe conducirse. También nos habla de la música que alaba y que agrada a Dios, es muy triste decirlo, pero como ya Dios no se mueve en sus iglesias, ahora hasta toman su parejita y se ponen a bailar dentro de la misma iglesia, ¿sabes por qué está pasando esto?, por falta de la ausencia de Dios en muchos lugares, hace falta que Dios vuelva a "soplar" nuevamente, de esto hablaré en el capítulo 5. La Biblia está llena de textos como estos que les voy a mostrar a continuación, de cuál es la música que agrada a Dios.

Efesios 5:19 RVR1960 *"Hablando entre vosotros con salmos, con himnos y cánticos espirituales, cantando y alabando al Señor en vuestros corazones".*

Y por último mire como Pablo dice:

Colosenses 3:16 RVR1960 *"La palabra de Cristo more en abundancia en vosotros, enseñándoos y exhortándoos unos a otros en toda sabiduría, cantando con gracia en vuestros corazones al Señor con salmos e himnos y cánticos espirituales".*

Continuemos con el próximo capítulo.

CAPÍTULO 4

LAS CONSECUENCIAS DEL ORGULLO

Ezequiel 28:17 RVR1960 *"<<Se enalteció tu corazón a causa de tu hermosura>>, corrompiste tu sabiduría a causa de tu esplendor; yo te arrojaré por tierra; delante de los reyes te pondré para que miren en ti".*

Nunca pensemos que podemos hacer las cosas por nuestro propio resplandor, porque el día que pensemos así, este será nuestro final, aunque le suene hipérbole-exagerado lo que les estoy hablando, ya que dice la Biblia, que Dios mismo fue el que lo arrojó por tierra a Lucifer.

CUÍDATE DE UN VIRUS LLAMADO ORGULLO

Es triste ver que todavía en la actualidad este virus llamado orgullo sigue vigente, sigue imperando (gobernando) en los corazones de la humanidad, y dejándolos en la ruina, la Biblia dice en el libro de Proverbios:

Proverbios 18:12 RVR1960 *"Antes del quebrantamiento se eleva el corazón del hombre, Y antes de la honra es el abatimiento".*

Leámoslo en otra traducción por favor:

Proverbios 18:12 TLA *"El orgullo acaba en fracaso; la honra comienza con la humildad".*

Si alguien quiere que Dios lo honre, que procure primero ser humilde. Me he dado cuenta que hay un gran peligro cuando dependemos de nuestra "hermosura", tal y como lo hizo Lucifer, porque esto puede repercutir (trascender, causar efecto), en fracaso para nosotros mismos, por eso debemos de tener mucho cuidado, cuando el Diablo susurre a nuestros oídos, acordémonos siempre que Dios no comparte su gloria con nadie, el mismo profeta Isaías hablo por el Espíritu esto, veamos:

Isaías 42:8 RVR1960 *"Yo Jehová; éste es mi nombre; y a otro no daré mi gloria, ni mi alabanza a esculturas".*

Nunca debemos de corromper la sabiduría que Dios nos ha dado, que mas bien se refiere a nuestro temor a Dios, porque la sabiduría es otorgada cuando hay temor de Dios en nuestras vidas, tal y como dice la Biblia en el libro de los Proverbios:

Proverbios 1:7 RVR1960 *"El principio de la sabiduría es el temor de Jehová; los insensatos desprecian la sabiduría y la enseñanza".*

Nunca pensemos que podemos hacer las cosas por nuestro propio resplandor, porque el día que pensemos así, este será nuestro final, aunque le suene hipérbole-exagerado lo que les estoy hablando, ya que dice la Biblia, que Dios mismo fue el que lo arrojó por tierra a Lucifer, veamos:

Ezequiel 28:17 RVR1960 *"Yo te arrojaré por tierra; delante de los reyes te pondré para que miren en ti".*

No me cabe la menor duda que:

Salmos 103:8 RVR1960 *"Misericordioso y clemente es Jehová; lento para la ira, y grande en misericordia".*

Al escudriñar este texto Bíblico, Dios extendió su misericordia hasta que se le acabó, por explicarlo de alguna manera, veamos:

Ezequiel 28:18 RVR1960 *"Con la <<multitud>> de tus <<maldades>> y con la <<iniquidad>> de tus << contrataciones>> profanaste tu santuario; yo, pues, saqué fuego de en medio de ti, el cual te consumió, y te puse en ceniza sobre la tierra a los ojos de todos los que te miran".*

Cuando escudriñamos a la raíz los significados de cada palabra nos daremos cuenta, que Dios le extendió su misericordia, veamos porque. La palabra multitud, se pronuncia "rob" y significa; abundancia, cantidad, enormidad y numeroso (Nueva Concordancia Strong Exhaustiva). Lo que significa, que Dios vio la abundancia y cantidad de sus maldades, o sea distorsiones y eso Dios no lo iba a seguir aceptando más.

No piensen que cuando Lucifer se llevó del cielo la tercera parte de los ángeles, fue porque un día él se levantó y dijo; déjame ver si los ángeles me siguen, no fue así, el planificó, y preparó muy bien esta rebelión, lo que significa que le tomó tiempo o años, porque la Biblia habla de multitudes y maldades (Ezequiel 28:18 RVR1960).

Es como en el caso de Absalón, que en mi opinión personal, Absalón es un prototipo (modelo) de Lucifer también, y les voy a explicar porque, la Biblia dice referente a Absalón:

2 Samuel 14:25-26 RVR1960 *"Y no había en todo Israel ninguno tan alabado por su hermosura como Absalón; desde la planta de su pie hasta su coronilla no había en él defecto. Cuando se cortaba el cabello (lo cual hacía al fin de cada año, pues le causaba molestia, y por eso se lo cortaba), pesaba el cabello de su cabeza doscientos siclos de peso real".*

Aquí vemos otro personaje tan hermoso y perfecto, que el pueblo lo alababa. Yo entiendo que corremos mucho peligro, cuando el pueblo nos "alaba" (Nota del autor -cuando hablo de alabar, estoy hablando, en términos de que hablan muy bien de uno). En cierto sentido, es preferible no ser tan "hermoso, ni perfecto", para que esto no ocurra o pase. No quiero por favor que por nada del mundo me vallan a mal interpretar, pero muchas veces no nos damos cuenta, que Dios mismo permite aguijones en nuestras vidas, para que aprendamos a ser humildes, y a depender de Dios totalmente, "porque la hermosura, y la perfección" tiende a dañar mucha gente, pero las debilidades, todo lo contrario, te ayudan a reconocer que sin Dios no somos nadie.

Absalón realizó lo mismo que hizo Lucifer, una rebelión, fue ganándose el corazón del pueblo, y hablando mal de su rey (padre - lo mismo que hizo lucifer con Dios), y poco a poco, como expliqué anteriormente, le fue robando el corazón al pueblo, y para ser más específico, le tomó aproximadamente cuatro años a Absalón lograr su objetivo, leamos la triste historia para estar al tanto por favor.

LA REBELIÓN DE ABSALÓN

2 Samuel 15:1-18 RVR1960 *"Aconteció después de esto, que Absalón se hizo de carros y caballos, y cincuenta hombres que corriesen delante de él. Y se levantaba Absalón de mañana, y se ponía a un lado del camino junto a la puerta; y a cualquiera que tenía pleito y venía al rey a juicio, Absalón le llamaba y le decía: ¿De qué ciudad eres? Y él respondía: Tu siervo es de una de las tribus de Israel. Entonces Absalón le decía: Mira, tus palabras son buenas y justas; mas no tienes quien te oiga de parte del rey. Y decía Absalón: ¡Quién me pusiera por juez en la tierra, para que viniesen a mí todos los que tienen pleito o negocio, que yo les haría justicia! Y acontecía que cuando alguno se acercaba para inclinarse a él, él extendía la mano y lo tomaba, y lo besaba. << De esta manera hacía con todos los israelitas que venían al rey a juicio; y así robaba Absalón el corazón de los de Israel. Al cabo de cuatro años>>, aconteció que Absalón dijo al rey: Yo te ruego me permitas que vaya a Hebrón, a pagar mí* *voto que he prometido a Jehová. Porque tu siervo hizo voto cuando estaba en Gesur en Siria, diciendo: Si Jehová me hiciere volver a Jerusalén, yo serviré a Jehová. Y el rey le dijo: Ve en paz. Y él se levantó, y fue a Hebrón. Entonces envió Absalón mensajeros por todas las tribus de Israel, diciendo: Cuando oigáis el sonido de la trompeta diréis: Absalón reina en Hebrón. Y fueron con Absalón doscientos hombres de Jerusalén convidados por él, los cuales iban en su sencillez, sin saber nada. Y mientras Absalón ofrecía los sacrificios, llamó a Ahitofel gilonita, consejero de David, de su ciudad de Gilo. Y la conspiración se hizo poderosa, y aumentaba el pueblo que seguía a Absalón. Y un mensajero vino a David, diciendo: El corazón de todo Israel se va tras Absalón. Entonces David dijo a todos sus siervos que estaban con él en Jerusalén: Levantaos y huyamos, porque no podremos escapar delante de Absalón; daos prisa a partir, no sea que apresurándose él nos alcance, y arroje el mal sobre nosotros, y hiera la ciudad a filo de espada. Y los siervos del rey dijeron al rey: He aquí, tus siervos están listos a todo lo que nuestro señor el rey decida. El rey entonces salió, con toda su familia en pos de él. Y dejó el rey diez mujeres concubinas, para que guardasen la casa. Salió, pues, el rey con todo*

Muchas veces no nos damos cuenta, que Dios mismo permite aguijones en nuestras vidas, para que aprendamos a ser humildes, y a depender de Dios totalmente, "porque la hermosura, y la perfección" tiende a dañar mucha gente, pero las debilidades, todo lo contrario, te ayudan a reconocer que sin Dios no somos nadie.

el pueblo que le seguía, y se detuvieron en un lugar distante. Y todos sus siervos pasaban a su lado, con todos los cereteos y peleteos; y todos los geteos, seiscientos hombres que habían venido a pie desde Gat, iban delante del rey".

¿Qué hace que un hombre actuara así de esta manera? Su "hermosura y perfección". ¿Qué es lo que lleva a un hombre o a una mujer, dividir una iglesia y conspirar contra su pastor?, ¡su "hermosura y perfección!, por eso mi consejo a cada pastor que está leyendo estas páginas es, nunca pongas a un orgulloso en ninguna posición, porque te destruirá lo que tantos años te ha costado; tampoco pongas a alguien que tu veas que está detrás de las posiciones, porque cuando esta allá arriba, son los primeros en tirarte bomba (termino puertorriqueño, que se refiere a traicionar - nota del autor). La mayoría de los que hacen esto son aquellos que no se someten a nadie, pero después quieren que los demás se sometan a ellos. Lo triste de esta historia, es lo misma que le paso a Lucifer, le seguirá pasando a muchos, si no se ponen la vacuna contra el orgullo, esa vacuna se llama; Cristomicina. ¡Ajá, pa ti, fue eso! Veamos por favor:

MUERTE DE ABSALÓN

2 Samuel 18:6-15 RVR1960 *"Salió, pues, el pueblo al campo contra Israel, y se libró la batalla en el bosque de Efraín. Y allí cayó el pueblo de Israel delante de los siervos de David, y se hizo allí en aquel día una gran matanza de veinte mil hombres. Y la batalla se extendió por todo el país; y fueron más los que destruyó el bosque aquel día, que los que destruyó la espada. <<Y*

se encontró Absalón con los siervos de David; e iba Absalón sobre un mulo, y el mulo entró por debajo de las ramas espesas de una gran encina, y se le enredó la cabeza en la encina, y Absalón quedó suspendido entre el cielo y la tierra; y el mulo en que iba pasó delante>>. Viéndolo uno, avisó a Joab, diciendo: He aquí que he visto a Absalón colgado de una encina. Y Joab respondió al hombre que le daba la nueva: Y viéndolo tú, ¿por qué no le mataste luego allí echándole a tierra? Me hubiera placido darte diez siclos de plata, y un talabarte. El hombre dijo a Joab: Aunque me pesaras mil siclos de plata, no extendería yo mi mano contra el hijo del rey; porque nosotros oímos cuando el rey te mandó a ti y a Abisai y a Itai, diciendo: Mirad que ninguno toque al joven Absalón. Por otra parte, habría yo hecho traición contra mi vida, pues que al rey nada se le esconde, y tú mismo estarías en contra. Y respondió Joab: No malgastaré mí tiempo contigo. <<Y tomando tres dardos en su mano, los clavó en el corazón de Absalón>>, quien estaba aún vivo en medio de la encina. Y diez jóvenes escuderos de Joab rodearon e hirieron a Absalón, y acabaron de matarle".

BÁJATE DEL BURRO, ANTES QUE SEA DEMASIADO TARDE

Notaron el detalle donde dice:

2 Samuel 18:9 RVR1960 *"Y se encontró Absalón con los siervos de David; e iba Absalón sobre un mulo, y el mulo entró por debajo de las ramas espesas de una gran encina, y se le enredó la cabeza en la encina, y Absalón quedó suspendido entre el cielo y la tierra; y el mulo en que iba pasó delante".*

Siempre que andes montado en tu mula, y que se te suba a la cabeza los sumos, terminarás, como Absalón, enganchado en un árbol a causa de tu orgullo, para luego morir con tres dardos clavados a tu corazón.

2 Samuel 18:14 RVR1960 *"Y respondió Joab: No malgastaré mí tiempo contigo. Y tomando tres dardos en su mano, los clavó en el corazón de Absalón, quien estaba aún vivo en medio de la encina".*

¿Por qué esos dardos en el corazón?, porque esto es una tipología, de que es ahí, donde entra el orgullo del hombre, y esos dardos son lanzados a tu corazón por Satanás, y sin darte cuenta, te están destruyendo poco a poco, hasta que acaban con tu vida.

Les contaré otra historia Bíblica porque el contenido que tiene me fascina, veamos:

Josué 15:17-19 RVR1960 *"Y la tomó Otoniel, hijo de Cenaz hermano de Caleb; y él le dio a su hija Acsa por mujer. Y aconteció que cuando la llevaba, él la persuadió que pidiese a su padre tierras para labrar. Ella entonces se bajó del asno. Y Caleb le dijo: ¿Qué tienes? Y ella respondió: Concédeme un don; puesto que me has dado tierra del Neguev, dame también fuentes de aguas. Él entonces le dio las fuentes de arriba, y las de abajo".*

En primer lugar Otoniel significa el león de Dios, el león es el rey de la selva como ustedes muy bien lo saben. Acsa significa gracia o favor y es lo que necesitamos para poder ser librados de las garras del maligno, esa "gracia" es la que nos embellece, eso es lo que significa la palabra gracia, dar belleza a nuestra personalidad y actos. Luego hay algo aquí que es lo que me obliga a explicarles este texto Bíblico y es que dice que cuando la llevaba, él la persuadió que pidiese a su padre tierras para labrar. Ella entonces se bajó del asno. Y Caleb le dijo: ¿Qué tienes? Y ella respondió: Concédeme un don; puesto qu me has dado las tierras del Neguev, dame también fuentes de agua. El entonces le dio las fuentes de arriba, y las de abajo.

¿Lo vio o no lo vio? Se lo explicaré brevemente, cuando tu andas con Acsa (gracia o favor), tu siempre aprendes a humillarte, bajándote del asno y reconociendo a tu Abbá (Papá). ¡Wow! Que impresiónate es saber, que "Acsa", se bajó del asno antes de pedirle un don a su papá, y si observas bien, su papá, no simplemente le otorgó lo que pedía, sino que le dio más de lo que estaba pidiendo, y todo por humillarse bajándose del asno.

Salmos 138:6 RVR60 *"Porque Jehová es excelso, y atiende al humilde, más al altivo mira de lejos"*.

¿CÓMO FUE QUE LUCIFER LOGRO ENGAÑAR A LOS ÁNGELES DE DIOS?

Ya que les hablé un poco de Absalón, de Acsa y Otoniel, podrán entender entonces, -Cómo fue que Lucifer pudo engañar a los ángeles, -quizás usted se ha preguntado. La respuesta está en ese mismo verso Bíblico, veamos:

Ezequiel 28:18 RVR1960 *"Con la multitud de tus maldades y con la iniquidad de tus <<contrataciones>> profanaste tu santuario; yo, pues, saqué fuego de en medio de ti, el cual te consumió, y te puse en ceniza sobre la tierra a los ojos de todos los que te miran"*.

La palabra hebrea para "contrataciones" se pronuncia "racál", que quiere decir viajar para comercializar (Nueva Concordancia Strong Exhaustiva). También significa tráfico, o sea, esta palabra se refiera más bien a alguien que subía y bajaba para comercializar; lo que esto quiere decir es, que cada vez que tenía acceso al cielo, iba y llevaba chisme en contra de su Creador, tal y como lo hizo Absalón con su papá, y de esta manera fue engañándolos hasta que Dios lo sacó a patadas del cielo. Y todos los que lo admiraban en un momento fueron llenos de asombro y espanto, cuando vieron el juicio de Dios para con el Lucero de la mañana, veamos:

Ezequiel 28:19 RVR1960 *"Todos los que te conocieron de entre los pueblos se maravillarán sobre ti; espanto serás, y para siempre dejarás de ser".*

Fue tanto el asombro causado, que quedó irreconocible, porque hasta su nombre le fue cambiado, ahora se llamaría, Satanás, Serpiente Antigua, Diablo, cuyos nombres ninguno son lindos. No olvidemos que Lucifer significaba portador de luz, ahora Satanás seguiría siendo portador, pero no de luz, sino de odio, muerte, tinieblas, calumnia, destrucción, etc. ¡Wow! el cambio fue drástico, del cielo a la tierra, y por esto tuvieron que haber quedado atónitos, al ver como Dios había decretado juicio sobre él.

CAPÍTULO 5

VUELVE A SOPLAR

Génesis 1:1-2 RVR1960 *"En el principio creó Dios los cielos y la tierra. Y la tierra estaba desordenada y vacía, y las tinieblas estaban sobre la faz del abismo, y el Espíritu de Dios se movía sobre la faz de las aguas".*

Cuando Lucifer se reveló contra Dios, su caída causó este -(DESIERTO, DESOLACIÓN, DESTRUCCIÓN Y VACIO)- del cual yo les he venido hablando, por eso es que creo, que Lucifer fue creado mucho antes que nosotros los seres humanos, por eso si usted observa con claridad, los dos primeros días de la creación, Dios se dispuso a dar LUZ y a SEPARAR las AGUAS en vez de CREARLAS.

Ahora leámoslo en otra traducción haber que dice:

OTRA VERSIÓN

Génesis 1:1-2 TLA *"Cuando Dios comenzó a crear el cielo y la tierra, la tierra no tenía forma, ni había en ella nada que tuviera vida. Las aguas estaban cubiertas por una gran oscuridad, pero sobre la superficie del agua se movía el Espíritu de Dios".*

Empiezo haciéndoles una pregunta. ¿Por qué a los primeros libros de la Biblia se le llamaron pentateuco? E aquí la respuesta, porque la palabra pentateuco se deriva de las palabras griegas "penta" que quiere decir cinco y teucho, que significa pergamino o rollo, en otras palabras la sección desde el libro de Génesis hasta Deuteronomio constituye en los primeros cinco libros (pergaminos, rollos o el tanaj de la Biblia). Estos libros también se conocen como el Tora en hebreo, esta es la palabra hebrea para referirse a la ley, esa es la razón por la cual se le llama a los cinco primeros libros de la Biblia el pentateuco. Ahora escudriñemos esta palabra otra vez.

Génesis 1:1-2 RVR1960 *"En el principio (Bereshít) creó (Bara) Dios (Elojïm) los cielos y la tierra"*. (Énfasis añadido por el autor).

Estas palabras "los cielos" están en plural, lo que indican que existen tres cielos, veamos cuales son:

Primer cielo: Es el hogar donde habitan los pajarillos y las nubes, leamos lo que dice la Biblia al respecto

Daniel 4:12 RVR1960 *"Su follaje era hermoso y su fruto abundante, y había en él alimento para todos.*

Debajo de él se ponían a la sombra las bestias del campo, y en sus ramas hacían morada las aves del cielo, y se mantenía de él toda carne".

Segundo cielo: Donde está el sol, la luna y las estrellas, la Biblia dice:

Salmos 19:1 RVR1960 *"Los cielos cuentan la gloria de Dios, y el firmamento anuncia la obra de sus manos".*

También es aquí donde gobierna Satanás, en el segundo cielo, veamos:

Efesios 6:12 RVR1960 *"Porque no tenemos lucha contra sangre y carne, sino contra principados, contra potestades, contra los gobernadores de las tinieblas de este siglo, contra huestes espirituales de maldad en las regiones celestes".*

En estas regiones celestes es que habla el apóstol Pablo, referente al segundo cielo.

Tercer cielo: Donde Mora Dios, sus santos ángeles y los que partieron de este planeta llamado tierra, los que murieron en Cristo, ya que solo ahí se puede entrar con un cuerpo espiritual o glorificado.

2 Corintios 12:2 RVR1960 *"Conozco a un hombre en Cristo, que hace catorce años (si en el cuerpo, no lo sé; si fuera del cuerpo, no lo sé; Dios lo sabe) fue arrebatado hasta el tercer cielo".*

¿POR QUÉ ENTONCES LOS JUDÍOS LE PUSIERON GÉNESIS AL PRIMER LIBRO DE LA BIBLIA?

Porque los judíos titulaban cada libro de las Escrituras hebreas según la primera palabra de cada libro, por ejemplo el título hebreo de Génesis es "bereshít", que significa, "en el principio."

¿DE QUÉ PRINCIPIO ESTABA HABLANDO AQUÍ?

Cuando se refiere al principio, no está hablando del principio absoluto y en esto quiero ser enfático, porque Dios es eterno y Él no tiene principio, sino que debe referirse solo al de la creación, porque la creación si tuvo su principio, ahora quizás usted se estará preguntando ¿De qué principio está hablando?, bueno para esto tenemos que leer el texto Bíblico nuevamente, pero esta vez por favor léalo de forma articulada.

Génesis 1:1 RVR1960 *"En el principio (bereshít) creó Dios los cielos y la tierra"*. (Énfasis añadido por el autor).

Voy a explicarlo con la ayuda de Dios de forma explícita. Para poder entender cómo fue que Dios creó todo, no podemos poner el verso uno y dos juntos, porque no fue así, hubo una brecha entre estos dos versículos, me explico; aquí hubo un principio, y ese principio fue cuando Dios creó (bara) los cielos y la tierra, y fue en ese principio que Dios creó a Lucifer ubicándolo así, en Edén, como ya expliqué en el capítulo uno. Con esto yo no les estoy diciendo que existieron personas antes de Adán (pre-Adán), pero sí creo, que en ese principio Dios creo a los ángeles, y entre ellos obviamente estaba Lucifer. Leamos un poderosísimo pasaje Bíblico en el libro de Job por favor.

Job 38:4-7 RVR1960 *"¿Dónde estabas tú cuando yo <<fundaba la tierra>>? Házmelo saber, si tienes inteli-*

gencia. ¿Quién ordenó sus medidas, si lo sabes? ¿O quién extendió sobre ella cordel? ¿Sobre qué están fundadas sus bases? ¿O quién puso su piedra angular, <<Cuando alababan todas las estrellas del alba, Y se regocijaban todos los hijos de Dios?>>".

Este texto Bíblico, ubica a los ángeles antes de la creación del hombre, y entiéndase que el termino estrellas se está refiriendo a los ángeles también.

1 Corintios 15:45 RVR1960 *"Así también está escrito: Fue hecho el primer hombre Adán alma viviente; el postrer Adán, espíritu vivificante".*

Job15:7 RVR1960 *"¿Naciste tú primero que Adán? ¿O fuiste formado antes que los collados?"*

1 Corintios 15:22 RVR1960 *"Porque así como en Adán todos mueren, también en Cristo todos serán vivificados".*

Romanos 5:14 RVR1960 *"No obstante, reinó la muerte desde Adán hasta Moisés, aun en los que no pecaron a la manera de la transgresión de Adán, el cual es figura del que había de venir".*

Ahora porque creo esto, les diré mis razones; y es que en el mismo verso dos del libro de Génesis también esto es lo que dice:

Génesis 1:2 RVR1960 *"<<Y la tierra>> estaba desordenada y vacía, y las tinieblas estaban sobre la faz del abismo, y el Espíritu de Dios se movía sobre la faz de las aguas".*

Si usted presto mucha atención al versículo dos que acabamos de leer, dice que la tierra estaba desordenada y vacía, lo que indica con esto es que ya existía la tierra, pero estaba desordenada y vacía, y por esa razón fue que el Espíritu de Dios se movía sobre la faz de las aguas; ya mismo les explicaré el significado original de desordenada y vacía, pero ahora quiero ser enfático en la expresión "y la tierra", porque a mi entender, la tierra ya existía antes de los seis días creativos, porque antes de que se comenzara los días (yum) de la creación, la tierra y el agua ya existía, tal y como lo menciona en el verso número dos de Génesis, la tierra estaba en completa oscuridad, y todo por la caída de Lucifer. Si usted observa con claridad, los dos primeros días de la creación, Dios se dispuso a dar luz y a separar las aguas en vez de crearlas, veamos:

> *Para poder entender cómo fue que Dios creó todo, no podemos poner el verso uno y dos juntos, porque no fue así, hubo una brecha entre estos dos versículos, me explico; aquí hubo un principio, y ese principio fue cuando Dios creó (bara) los cielos y la tierra, y fue en ese principio que Dios creó a Lucifer ubicándolo así, en el Edén.*

Génesis 1:3-5 RVR1960 *"<<Sea la luz>>; y <<fue la luz>>. Y vio Dios que la luz era buena; y separó Dios la luz de las tinieblas. Y llamó Dios a la luz día, y a las tinieblas llamó noche. Y fue la tarde y la mañana un día".*

Quiero hacer un entre paréntesis aquí si me lo permiten antes de continuar, y es que mientras me llevaban hacia el aeropuerto en Newark, porque había terminado una campaña en Hazlenton, PA, el pastor y amigo Alejandro Castelnoble, veníamos hablando de este mismo tema que les estoy mencionado ahora mismo, concerniente a la caída de Lucifer, y él me citó un texto Bíblico que me gustaría darles a conocer, que confirma lo que les estoy hablando, en cuanto a la caída de Lucifer me refiero, leámoslo por favor:

Isaías 45:18 RVR1960 *"Porque así dijo Jehová, que creó los cielos; él es Dios, el que formó la tierra, el que la hizo y la compuso; no la creó en <<vano-tóju>>, para que fuese habitada la creó: Yo soy Jehová, y no hay otro* (Énfasis añadido por el autor). Cuando sacamos la palabra -(VANO)- Que en el hebreo se escribe -(והת)- y se pronuncia -(tóju)- Conforme al texto que acabamos de citar, lo que significa es; que al Dios crear la TIERRA, no la creo- (DESOLADA, DECIERTA, DESTRUIDA O VACIA)- sino que la creó para que fuese (HABITADA)- Tal y como lo menciona **Isaías 45:18**. Al igual que el profeta Jeremías, observemos lo que él también declara por el Espíritu; **Jeremías 4:23-26 RVR1960** *"Miré a la tierra, y he aquí que estaba asolada y vacía; y a los cielos, y no había en ellos luz. Miré a los montes, y he aquí que temblaban, y todos los collados fueron destruidos. Miré, y no había hombre, y todas las aves del cielo se habían ido. Miré, y he aquí el campo fértil era un desierto, y todas sus ciudades eran asoladas delante de Jehová, delante del ardor de su ira".*

Por eso vuelvo y les repito que cuando Lucifer se reveló contra Dios, su caída causó este -(DESIERTO, DESOLACIÓN, DESTRUCCIÓN Y VACIO)- del cual yo les he venido hablando, por eso es que creo, que Lucifer fue creado mucho antes que nosotros los seres humanos, por eso si usted observa con claridad, los dos primeros días de la creación, Dios se dispuso a dar LUZ y a SE-PARAR las AGUAS en vez de CREARLAS, veamos: *<<Sea la luz>>*; y *<<fue la luz>>*. **Génesis 1:3-5 RVR1960** *"Y vio Dios que la luz era buena; y separó Dios la luz de las tinieblas. Y llamó Dios a la luz Día, y a las tinieblas llamó Noche. Y fue la tarde y la mañana un día"*.

Si estudiamos la palabra "sea" en su significado original tiene una connotación de sacar a la luz algo que ya estaba. Fijémonos que no es la misma expresión que se usa aquí, veamos:

Génesis 1:16 RVR1960 *"E <<hizo (creó - Énfasis añadido por el autor)>> Dios las dos grandes lumbreras; la lumbrera mayor para que señorease en el día, y la lumbrera menor para que señorease en la noche; hizo también las estrellas"*.

Por que como mencioné en el capítulo uno, Lucifer fue el portador de luz, lo que significa que él no necesitaba ningunas lumbreras, pero si Adán. Ahora lo mismo sucede con el agua, veamos:

Génesis 1:6-10 RVR1960 *"Luego dijo Dios: Haya expansión en medio de las aguas, y <<separe las aguas de las aguas>>. E hizo Dios la expansión, y <<separó las aguas>> que estaban debajo de la expansión, de las aguas que estaban sobre la expansión. Y fue así. Y llamó Dios a la expansión Cielos. Y fue la tarde y la mañana el día segundo. Dijo también Dios: <<Júntense las aguas que están debajo de los cielos en un lugar, y descúbrase lo seco>>. Y fue así. Y llamó Dios a lo seco tierra, y a la reunión de las aguas llamó mares. Y vio Dios que era bueno"*.

Vemos aquí que la otra mitad del agua la mando por encima de la expansión, es decir las nubes, el agua que Dios mandó para encima de la expansión puede haber sido la misma con la que Dios destruyó a los hombres en el diluvio (Génesis 7:11). La razón por la cual creo lo que les estoy diciendo es, porque no menciona que Dios creó las aguas, sino que las separó de la tierra, entiendo que Dios creó las aguas, pero no fue en esta creación ya mencionada, porque en este versículo lo presenta como que el agua ya existía, como dije anteriormente esto sucedió en el principio.

Creo que a causa del pecado de Lucifer, como bien lo mencioné en el capítulo uno, fue que la tierra fue maldecida y quedo de la forma que lo presenta el verso dos de Génesis (desordenada y vacía, pero también cubierta en agua). ¿No habrá sido este el primer juicio de agua que Dios había enviado a la tierra y por eso expresó Él estas palabras? ¡Quién sabe! Se lo dejo a su criterio, porque aquí no solo Él hizo pacto con el hombre, sino también con la tierra, veamos:

Génesis 9:9-17 RVR1960 *"<<He aquí que Yo establezco mi pacto con vosotros>>, <<y con vuestros descendientes después de vosotros;>> y con todo ser viviente que está con vosotros; aves, animales y toda bestia de la tierra que está con vosotros, desde todos los que salieron del arca hasta todo animal de la tierra. Estableceré mi pacto con vosotros, y no exterminaré ya más toda carne con aguas de diluvio, <<ni habrá más diluvio para destruir la tierra>>. Y dijo Dios: Ésta es la señal del pacto que yo establezco entre Mí y vosotros y todo ser viviente que está con vosotros, por si-*

glos perpetuos: <<Mi arco he puesto en las nubes, el cual será por señal del pacto entre mí y la tierra>>. Y sucederá que cuando haga venir nubes sobre la tierra, se dejará ver entonces mi arco en las nubes. Y me acordaré del pacto mío, que hay entre Mí y vosotros y todo ser viviente de toda carne; y no habrá más diluvio de aguas para destruir toda carne. Estará el arco en las nubes, y lo veré, y me acordaré del pacto perpetuo entre Dios y todo ser viviente, con toda carne que hay sobre la tierra. Dijo, pues, Dios a Noé: Ésta es la señal del pacto que he establecido entre Mí y toda carne que está sobre la tierra".

LOS ANGELES NO PUEDEN HABER SIDO CREADOS EN EL MISMO TIEMPO

QUE DIOS CREO AL HOMBRE

Volviendo al tema de la creación de los ángeles, algunos piensan que Dios creó a los ángeles en el día cuarto, cuando Dios creó las estrellas (Génesis 1:14-19 RVR1960), cosa que yo en lo personal estoy en total desacuerdo, por varias razones, pero más por dos importantes. Número uno, la palabra "día" en el hebreo se pronuncia "yum" y significa que fue en un periodo de 24 horas, esto lo explicaré más adelante, lo que quiere decir que Lucifer no cayó en unos cuantos días, sino que esto le tomo años, ¡Y quién sabe si hasta siglos! (para más detalles, favor de regresar al capítulo 4). Número dos, cuando Dios creó al hombre, Él expresó dos palabras que fueron "lábralo y guárdalo", cosa que expliqué en detalles en el capítulo dos. Dando así a entender que ya Lucifer había sido sacado a patadas del tercer cielo y Adán tenía que cuidar y proteger el huerto que Dios le había dado, llamado Edén.

LOS TÉRMINOS; "Y FUE LA TARDE Y LA MAÑANA UN DÍA" -¿SE ESTARÁ REFIRIENDO A UN PERIODO DE 24 HORAS?

La respuesta es que sí, porque de acuerdo a Moisés, David, y la mayoría de los eruditos de la lengua Hebrea también lo creyeron, y voy aun más, la estructura misma del lenguaje hebreo parece enseñarlo de esta manera.

El adjetivo numeral usado con la palabra "día", que en hebreo se pronuncia "yum" (de acuerdo con La Nueva Concordancia Strong Exhaustiva). He aquí algunos textos que utilizan la palabra en Hebreo "yum", para referirse a un periodo de 24 horas que es un "día":

Éxodo 20:11 RVR1960 *"Porque en seis días <<yum>> hizo Jehová los cielos y la tierra, el mar, y todas las cosas que en ellos hay, y reposó en el séptimo día <<yum>>; por tanto, Jehová bendijo el día <<yum>> de reposo y lo santificó".* (Énfasis añadido por el autor).

Éxodo 31:17 RVR1960 *"Señal es para siempre entre mí y los hijos de Israel; porque en seis días <<yum>> hizo Jehová los cielos y la tierra, y en el séptimo día <<yum>> cesó y reposó".* (Énfasis añadido por el autor).

Para más confirmación veamos que dice la Biblia en cuanto a la creación se refiere:

Génesis 1:5, 8, 13, 19, 23, 31 RVR1960 *"Y llamó Dios a la luz día, y a las tinieblas llamó noche. Y fue la tarde y la mañana un <<día>>.Y llamó Dios a la expansión cielos. Y fue la tarde y la mañana el <<día>> segundo. Y fue la tarde y la mañana el <<día>> tercero. Y fue la tarde y la mañana el <<día>> cuarto. Y fue la tarde y la mañana el <<día>> quinto. Y vio Dios todo lo que había hecho, y he aquí que era bueno en gran manera. Y fue la tarde y la mañana el <<día>> sexto".*

TODO ESTABA VACÍO, NO HABÍA NADA

Ahora sigamos con el siguiente paso, no quiero que pares de leer, hay algo muy poderoso que quiero compartir contigo, porque el texto Bíblico continúa diciendo:

Génesis 1:1-2 RVR1960 *"Y la tierra estaba <<desordenada>> y <<vacía>>".*

Al estudiar la amplia gama que nos da, en cuanto a las interpretaciones para la palabra desordenada, que en hebreo se pronuncia "tohu", nos encontramos con definiciones reveladoras, como "un lugar que estaba vacío", "desolado" o que no había "nada" mientras que la palabra "bohu" traducido como "vacío", significa precisamente eso: estar vacío, sin nada.

Creo que a causa del pecado de Lucifer, como bien lo mencioné en el capítulo uno, fue que la tierra fue maldecida y quedo de la forma que lo presenta el verso dos de Génesis (desordenada y vacía, pero también cubierta en agua).

VOLVAMOS A LEERLO...

Génesis 1:1-2 RVR1960 *"Y la tierra estaba desordenada (to·hu) y vacía (bo·hu)"*.

To·hu también significa y se puede interpretar como una tierra desechada o desértica, como por ejemplo, los desiertos conocidos por los israelitas. Bohu significa algo que esta "hueco" o "vacío". Los sonidos similares (tohu y bohu) y sus significados (desierto y hueco) apoyan la idea que en ese estado, el mundo era un "caos", algo inhospitable, por decirlo en palabras más finas. El texto continúa diciendo:

Génesis 1:1-2 RVR1960 *"...Y las tinieblas estaban sobre la faz del abismo"*.

Fijémonos en este gran e importante detalle, que las escrituras frecuentemente hablan de la luz, tinieblas y el abismo. La luz simboliza a Dios.

Isaías 60:19 RVR1960 *"El sol nunca más te servirá de luz para el día, ni el resplandor de la luna te alumbrará, sino que Jehová te será por luz perpetua, y el Dios tuyo por tu gloria"*.

También Jesús es nuestra luz.

S. Juan 8:12 RVR1960 *"Otra vez Jesús les habló, diciendo: Yo soy la luz del mundo; el que me sigue, no andará en tinieblas, sino que tendrá la luz de la vida"*.

¿Sabía usted que las tinieblas existen solo cuando se va la luz?, apague la luz y se dará cuenta rápidamente que quedará en tinieblas, así mismo pasa cuando una vida no tiene a Jesús, anda y mora en tinieblas porque la luz no está en él, pero tan pronto como esa vida se arrepiente y viene a los pies de Jesús, esa Luz se enciende y ya no hay más tinieblas. Recuerda; las tinieblas solo existen, cuando no hay luz.

LAS TINIEBLAS VIENEN POR LA AUSENCIA DE LA LUZ

S. Juan 3:20 RVR1960 *"Porque todo aquel que hace lo malo, aborrece la luz y no viene a la luz, para que sus obras no sean reprendidas".*

Ahora bien el mismo texto sigue diciendo:

Génesis 1:1-2 RVR1960 *"Y el Espíritu de Dios se <<movía>> sobre la faz de las aguas"*

ESTO ES LO QUE SE LE CONOCE COMO LA NEUMATOLOGÍA

La palabra neumatología se deriva de las palabras griegas "pneuma" que significa espíritu, viento, o aliento, mientras que la palabra "logia", significa tratado, discurso o estudio. Por lo tanto, la neumatología es la doctrina del Espíritu Santo, o aliento de Dios. En otras palabras es la doctrina del Espíritu Santo.

DÉJALO QUE SE MUEVA

Por eso dice "ruah elohim" el viento de Dios o aliento de Dios se movía sobre la faz de las aguas. Ruah se puede traducir como "viento" o "espíritu." La NIV traduce Ruah Elohim, cuyo significado es "Espíritu de Dios." Que maravilloso es para mí ver y leer, que cuando había oscuridad y tinieblas, que cuando había (tohu o vabohu) un lugar vacío, desolado o sin nada, su Ruah Hakodesh (Espíritu Santo), se movía sobre la faz de las aguas, diga conmigo; ¡wow! (Nota del autor, la palabra Ruach HaKodesh, para referirse al Espíritu Santo, es una palabra escrita en arameo, porque en griego se escribe Pneuma Agion, que es Espíritu Santo o Pneumati Agiw, que se refiere a la misma persona, al Espíritu Santo).

Es impresionante que su Santo Espíritu, en medio del caos que había, en medio del desorden que había, se movía sobre la faz de las aguas.

Quiero romper de forma rápida la palabra mover y podérsela explicar detalladamente, pero antes leámoslo en su significado original que es el hebreo. La palabra mover, se escribe רָחַף y a la misma vez se pronuncia rakjáf, que significa; empollar, estar tranquilo o temblar-vibrar, conforme a la Nueva Concordancia Strong Exhaustiva. Aquí el autor sagrado parece aludir al Espíritu como incubando o acariciando la materia informe para darle forma y vida por medio del vibrar, porque la palabra que utiliza en hebreo para mover, es rakjáf, que significa empollar. Lo mismo que hace la gallina con sus huevos, los empolla, los calienta, en otras palabras, el Espíritu de Dios, sabía que el Padre como Alfarero, iba a necesitar agua para poder formar bien al hombre del polvo de la tierra, y poderles dar vida, es por eso que el hombre está compuesto de un 70 a 75% de agua, o sea, en forma espiritual, somos más espirituales que carnales (alaba) y entonces es aquí donde Él, se encargó de calentar el agua, y comenzar a vibrar o temblar, para poder traer vida, por eso me fascina cuando leo las expresiones del salmista cuando dijo:

Salmos 33:6 RVR1960 *"Por la palabra de Jehová*

fueron hechos los cielos, y todo el ejército de ellos por el aliento (ruah - Espíritu) *de su boca".* (Énfasis añadido por el autor).

No pasemos por alto amados, que algunas traducciones como la PDT (Palabra de Dios para todos), lo traduce de la siguiente manera; verso 2 *"y el Espíritu de Dios-(aleteaba)-sobre las aguas"*, a esto podemos darle muchísimos significados e interpretaciones, y una de ellas es, que fue el mismo Espíritu, quien comenzó a provocar un movimiento en el agua, cuando las aguas ni tan siquiera se movían, y esto me impresiona, porque hablando en términos espirituales, cuando Él llega a una iglesia que está muerta (por que no se ve movimiento), llega para traer vida, para que se vea que hay vida, tiene que haber movimiento, porque cuerpo que no se mueve, es porque está muerto, pero cuerpo que se mantiene en movimiento es señal de que hay vida, por lo tanto, cuando no veas movimiento en tu hogar, matrimonio, ministerio, iglesia, etc., déjale saber al Espíritu Santo que vuelva a soplar en tu vida, porque conforme a lo que Pablo dijo, nosotros somos un cuerpo.

1 Corintios 12:27 RVR1960 *"Vosotros, pues, sois el cuerpo de Cristo, y miembros cada uno en particular".*

Si ese cuerpo no tiene al Espíritu Santo está muerto, recuerda amigo, hermano, si no hay Espíritu, no puede haber vida, ni mucho menos orden, es Él, su Santo Espíritu que trae orden cuando no lo hay.

A través de toda la historia de la humanidad, Dios ha manifestado su poder a través de su Santo Espíritu, y lo maravilloso de nuestro Dios es, que donde hay caos y destrucción, Él llega para dar vida y provocar un avivamiento, ahora diga conmigo; ¡Wow, pa mí, fue eso!

Que impresionante es saber, que el Padre, necesitó su Espíritu, para poder traer orden donde no lo había y a la misma vez poder traer vida, donde no la había. Yo no sé cómo le harán esas denominaciones que se dicen llamar iglesias, para poder sobrevivir ante los poderes del Diablo que imperan en esta sociedad, porque dicen ser pentecostales, pero que no le dan libertad al Espíritu de Dios para que se mueva, para que aletee, para que vibre dentro de la iglesia, porque esta es la única manera de poderles dar vida a los muertos, y poder separar una cosa de la otra-(carnales y espiritual), por eso es necesario volverle a decir a Dios; vuelve a soplar, porque fue el soplo de Dios, lo que libertó a Israel de la cautividad de Egipto, hay cantidad de hermanos atados a Egipto (mundo), porque el Espíritu de Dios no ha soplado en ellos, lea conmigo esta porción Bíblica por favor:

Éxodo 14:21 RVR1960 *"Y extendió Moisés su mano sobre el mar, e hizo Jehová que el mar se retirase por recio viento oriental toda aquella noche; y volvió el mar en seco, y las aguas quedaron divididas"*.

Fue el viento de Dios lo que hizo que Israel fuese libre, vuelvo a repetir; hasta que Ruah Hakodesh no vuelva a soplar, habrá cantidad de hermanos atados a Egipto. Lo impactante de esta historia es que aquí en el Antiguo Testamento, el Espíritu de Dios sopló para separar a Israel de la esclavitud de Egipto (mundo), pero en el Nuevo Testamento, ese mismo Espíritu ahora sopló en pentecostés, para separar al hombre carnal del espiritual y así de esta manera los capacitó con gran poder, leamos:

Hechos 2:1-4 RVR1960 *"Cuando llegó el día de Pentecostés, estaban todos unánimes juntos. Y de repente vino del cielo un estruendo como de un viento recio que soplaba, el cual llenó toda la casa donde estaban sentados; y se les aparecieron lenguas repartidas, como de fuego, asentándose sobre cada uno de ellos. Y fueron todos llenos del Espíritu Santo, y comenzaron a hablar en otras lenguas, según el Espíritu les daba que hablasen".*

Por tal razón creo que hay que gritar a los cuatro vientos "vuelve a soplar Espíritu Santo, vuelve por favor". Ahora sigamos leyendo, a ver qué fue lo que ocurrió cuando Ruah Hakodesh sopló, acompáñame al siguiente capítulo.

CAPÍTULO 6

LA DECISIÓN FUE APROBADA POR EL COMITÉ EJECUTIVO

Génesis 1:26-27 RVR1960 *"Entonces dijo Dios: Hagamos al hombre a nuestra imagen, conforme a nuestra semejanza; y señoree en los peces del mar, en las aves de los cielos, en las bestias, en toda la tierra, y en todo animal que se arrastra sobre la tierra. Y creó Dios al hombre a su imagen, a imagen de Dios lo creó; varón y hembra los creó".*

La razón por la cual Satanás, planificó su ataque contra su mujer y no contra él fue, por que el Diablo sabía muy bien, que no es lo que entra en la boca del hombre lo que lo contamina, sino; más bien lo que sale de la boca.

Me fascina poder entender que en el capítulo uno, dice que Dios creó al hombre y a la mujer, pero en el capítulo dos, dice cómo fue que Dios los creó. Dios se da cuenta y Adán también, que algo le así falta.

DIOS SE DA CUENTA, QUE EL HOMBRE NECESITABA UNA COMPAÑERA

Génesis 2:18 RVR1960 *"Y dijo Jehová Dios: No es bueno que el hombre esté solo; le <<haré>><< ayuda>> idónea para él".*

Si ustedes me lo permiten, me gustaría darles los significados de las palabras "haré" y "ayuda" veamos:

SIGNIFICADOS HEBREOS

Haré significa hacer (fabricar), conceder (crear), convertir. Ayuda significa socorrer, proteger, defender, ayudar, dar (Nueva Concordancia Strong Exhaustiva).

Dios fabrica a Eva específicamente para Adán, porque aunque la Biblia no lo dice abiertamente, pero descubriendo el significado original para las palabras "haré ayuda idónea", hay que entender que Dios le concedió a Adán lo que él quería, veamos por qué lo digo:

Génesis 2:20 RVR1960 *"Y puso Adán nombre a toda bestia y ave de los cielos y a todo ganado del campo; mas para Adán no se halló <<ayuda>> idónea para él".*

Es como quien dice; ¡Señor! Todo tiene su pareja, el gato tiene la gata, el caballo tiene la yegua-¿y que pasa conmigo?, entonces es ahí cuando Dios decide crearle a su mujer para que lo ayudara, veamos.

Génesis 2:21-23 RVR1960 *"Entonces Jehová Dios hizo caer sueño profundo sobre Adán, y mientras éste dormía, tomó una de sus costillas, y cerró la carne en su lugar. Y de la costilla que Jehová Dios tomó del hombre, hizo una mujer, y la trajo al hombre. <<Dijo entonces Adán: Esto es ahora hueso de mis huesos y carne de mi carne; ésta será llamada Varona, porque del varón fue tomada>>".*

¿Se dio cuenta del detalle? Adán expresó:

Génesis 2:23 RVR1960 *"Esto es ahora hueso de mis huesos y carne de mi carne; <<ésta será llamada Varona, porque del varón fue tomada>>".*

Es como quien dice; ahora estoy completo, porque el perro tiene a la perra, el gato a la gata, y yo soy varón, pero tengo a mi varona ahora. ¡Alábalo si puedes!

Definiendo la palabra ayuda; significa alguien que te socorra, o que te brinde la ayuda necesaria cuando la necesites, esa fue la razón primordial por la cual Dios creó a la mujer, para que cuando el hombre necesitará quien lo socorriera, fuera donde la mujer.

Siguiendo el tema de la mujer, porque creo que la mujer ocupa un lugar súper importante en la vida del hombre, quiero enfatizar un poco en la palabra costilla, porque esta palabra significa viga. Se lo voy a traducir en la versión Rivera (nota del autor: expresión que utiliza el evangelista Jonathan Rivera), es la mujer, la que soporta, aguanta el edificio (casa) y lo mantiene derecho, y en términos espirituales, aunque le suene contra producente, la costilla es más fuerte que el barro (¡adóralo si puedes!). Esa es la razón de que haya hombres doblados (hablo en términos espirituales-nota del autor), porque es que le hace falta la "viga", la que endereza y sostiene un edificio.

¿POR QUÉ LUCIFER FUE DONDE LA MUJER Y NO DONDE ADÁN A TENTARLO?

La razón por la cual Satanás, planificó su ataque contra su mujer y no contra él fue, por que el Diablo sabía muy bien, que no es lo que entra en la boca del hombre lo que lo contamina, sino; más bien lo que sale de la boca. (S. Mateo 15:11 RVR1960 - énfasis añadido por el autor).

Leámoslo directamente de las Escrituras por favor:

S. Mateo 15:17-20 RVR1960 *"¿No entendéis que todo lo que entra en la boca va al vientre, y es echado en la letrina? Pero lo que sale de la boca, del corazón sale; y esto contamina al hombre. Porque del corazón salen los malos pensamientos, los homicidios, los adulterios, las fornicaciones, los hurtos, los falsos testimonios, las blasfemias. Estas cosas son las que contaminan al hombre; pero el comer con las manos sin lavar no contamina al hombre".*

Esa verdad de alguna manera la supo Lucifer, pero aunque logró en parte su objetivo, Dios siempre se sale con las suyas, ¡Gloria al Señor! Porque cuando Satanás hizo pecar a la mujer y al hombre contra Dios, Él fue en busca de la pobre humanidad y los perdonó, y esto le tuvo que haber caído súper mal a Lucifer, porque él pensó todo lo contrario, pensó que Dios nunca los iba a perdonar, pero al contrario vuelvo y reitero, cuando ellos se encontraron desnudos Dios fue y los vistió, mostrando así su perdón, veamos el relato Bíblico por favor:

Génesis 3:4-15, 21 RVR1960 *"Entonces la serpiente dijo a la mujer: No moriréis; sino que sabe Dios que el día que comáis de él, serán abiertos vuestros ojos, y seréis como Dios, sabiendo el bien y el mal. Y vio la mujer que el árbol era bueno para comer, y que era agradable a los ojos, y árbol codiciable para alcanzar la sabiduría; y tomó de su fruto, y comió; y dio también a su marido, el cual comió así como ella. Entonces fueron abiertos los ojos de ambos, y conocieron que estaban desnudos; entonces cosieron hojas de higuera, y se hicieron delantales. Y oyeron la voz de Jehová Dios que se paseaba en el huerto, al aire del día; y el hombre y su mujer se escondieron de la presencia de Jehová Dios entre los árboles del huerto. Mas Jehová Dios llamó al hombre, y le dijo: ¿Dónde estás tú? Y él respondió: Oí tu voz en el huerto, y tuve miedo, porque estaba desnudo; y me escondí. Y Dios le dijo: ¿Quién te enseñó que estabas desnudo? ¿Has comido del árbol del que yo te mandé no comieses? Y el hombre respondió: La mujer que me diste por compañera me dio del árbol, y yo comí. Entonces Jehová Dios dijo a la mujer: ¿Qué es lo que has hecho? Y dijo la mujer: La serpiente me engañó, y comí. Y Jehová Dios dijo a la serpiente: Por cuanto esto hiciste, maldita serás entre todas las bestias y entre todos los animales del campo; sobre tu pecho andarás, y polvo comerás todos los días de tu vida. Y pondré enemistad entre ti y la mujer, y entre tu simiente y la simiente suya; ésta te herirá en la cabeza, y tú le herirás en el calcañar. <<Y Jehová*

Dios hizo al hombre y a su mujer túnicas de pieles, y los vistió>>".

Dios sabía y sabe que existe un tentador, y por culpa de ese tentador, es que la humanidad esta como esta (y aclaro, entiendo que el Diablo los tentó, y fueron ellos los que optaron por tomar la decisión que tomaron), pero debido a que existe un tentador, es que su misericordia son nueva cada mañana, y quiere restaurarte amigo, porque Él sabe que tú estabas bien, pero alguien te dejo caer, tal y como lo hizo Satanás con Adán y Eva que los dejó caer, pensando que Dios nunca los iba a levantar, por eso hoy te digo amado o amada de Dios, todavía hay esperanza, ¡Vamos, échale ganas! yo sé que tú puedes, porque lo que yo voy a explicarte en el próximo capítulo, te hará entender el porqué es que Dios sigue persistiendo y aun llamándote, y es porque alguien fue el que te dejo caer, y Dios te quiere volver a levantar o más bien a restaurar (volverte a tu estado original), porque Dios sabe que tu no tuviste la culpa, por eso es que Él te sigue llamando.

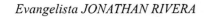

CAPÍTULO 7

ALGUIEN ME DEJÓ CAER

2 Samuel 4:4 RVR1960 *"Y Jonatán hijo de Saúl tenía un hijo lisiado de los pies. Tenía cinco años de edad cuando llegó de Jezreel la noticia de la muerte de Saúl y de Jonatán, y su nodriza le tomó y huyó; y mientras iba huyendo apresuradamente, se le cayó el niño y quedó cojo. Su nombre era Mefi-boset".*

Un Pacto es una alianza o convenio que se realiza entre partes iguales por dos personas, esta palabra en hebreo se pronuncia bereeth o berith y del griego diathake, que quiere decir que hubo un acuerdo legal. Habiendo entendido el significado para la palabra pacto, es importante entender que por ese convenio, acuerdo o promesa, que ambos hicieron, tenían que cumplirla hasta la muerte.

Hasta aquí los quería traer, porque era necesario entender, donde fue y quien fue el causante de todo el dolor y sufrimiento de la humanidad, y donde fue que se originó, y porque fue que se originó. Ahora que usted esta ready para esto, ¡Ahí le va! Para empezar de la forma correcta, ¿Quién era Jonatán? Jonatán era hijo del rey Saúl, por lo tanto era el Príncipe de Israel, y no simplemente eso, sino que también era uno de los herederos al trono, y aconteció que cuando David fue traído a la presencia del rey Saúl, después de haber acabado con Goliat, el alma de Jonatán quedó "ligada" a la de David, veámoslo en las Escrituras por favor.

1 Samuel 18:1-4 RVR1960 *"Aconteció que cuando él hubo acabado de hablar con Saúl, el alma de Jonatán quedó <<ligada>> con la de David, y lo amó Jonatán como a sí mismo. Y Saúl le tomó aquel día, y no le dejó volver a casa de su padre. E hicieron pacto Jonatán y David, porque él le amaba como a sí mismo. Y Jonatán se quitó el manto que llevaba, y se lo dio a David, y otras ropas suyas, hasta su espada, su arco y su talabarte".*

Me impacta tanto cuando leo estas palabras, porque un verdadero amigo, es como un hermano en tiempos de angustias, veamos:

Proverbios 17:17 RVR1960 *"En todo tiempo ama el amigo, y es como un hermano en tiempo de angustia".*

Cuando la Biblia expresa que el alma de Jonatán quedo ligada a la de David, tenemos que entender que en el alma, es donde están nuestras emociones, lo que significa, que cuando Jonatán vio a David, las emociones de ambos, quedaron ligadas, y el significado para la palabra ligada es compactar, atar, sujetar o confinar (Nueva Concordancia Strong Exhaustiva). Cuando leo este pasaje Bíblico, me sorprende ver, como Jonatán al ver a David "quizás por primera vez", su alma quedo ligada a la de David, esto quiere decir; que quedaron atadas las emociones de ambos, esto significa, que cuando uno sufriera, el otro también iba a sufrir, debido a que quedaron compactados, porque le pusieron presión, y a la misma vez, confinaron su amor hasta la muerte. Es más sorprendente saber, que Jonatán era el príncipe de Israel vuelvo y reitero, y el heredero al trono, mas vemos aquí, que para sellar el pacto que ambos hicieron, Jonatán se quitó su manto que llevaba y se lo dio a David, también algunas ropas suyas las dio a David, hasta su propia espada, su arco y su talabarte, David entró siendo un don nadie, y ahora salía como Príncipe, porque según la ley para poder llegar hacer rey tenia primero que haber sido Príncipe, (aunque no en todos los casos). David no era el mejor, pero desde ese momento en adelante, comenzaría a pasearse entre ellos. Veamos lo que Pablo escribió, a los romanos.

EL VERDADERO AMOR

Romanos 8:35-39 RVR1960 *"¿Quién nos separará del amor de Cristo?". "Por causa de ti somos muertos todo el tiempo; somos contados como ovejas de matadero. Antes, en todas estas cosas somos más que vencedores por medio de aquel que nos amó. Por lo cual estoy seguro de que ni la muerte, ni la vida, ni ángeles, ni principados, ni potestades, ni lo presente, ni lo por venir, ni lo alto, ni lo profundo, ni ninguna otra* *cosa creada nos podrá separar del amor de Dios, que es en Cristo Jesús Señor nuestro"*.

CUANDO TU AMAS A ALGUIEN, NO TE IMPORTA DAR LA VIDA SI FUERA NECESARIO

Jonatán amó a David de dos maneras. Primero con el amor fileo y luego con el amor storge (nota del autor, palabras griegas para definir el verdadero amor), porque el amor fileo es el amor que hay entre amigos y el amor storge, es el amor, que existe entre padres e hijos, o sea entre familiares y hablo en términos de que Jonatán amo a David como si fuera su propio hermano carnal. Me gustaría resaltar la palabra empleada por el apóstol Pablo cuando dijo: *"¿Quién nos separará del amor de Cristo?"*.

Esa palabra separará significa poner espacio entre, partir, apartarse, alejarse, o irse (Nueva Concordancia Strong Exhaustiva). Aquí Pablo, nos da un listado bastante largo, de cosas que suceden a diario en la vida del cristiano, pero aun con todo y el listado, Pablo nos dice que somos más que vencedores, y que nadie nos puede separar del amor de Dios, lo que Pablo nos está tratando de explicar es, que nada puede interponerse entre tú y Dios, que nadie puede alejarlos de su gran amor o separarlos, porque acuérdate hermano, fuimos ligado, compactado, al amor de Dios, ¡Aleluya!

Para que ese amor fuera verdadero, ellos tuvieron que hacer un pacto entre ambos (David y Jonatán). He aquí quiero definir la palabra pacto, en sus originales definiciones. Un Pacto es una alianza o convenio que se realiza entre partes iguales por dos personas, esta palabra en hebreo se pronuncia bereeth o berith y del griego diathake, que quiere decir que hubo un acuerdo legal. Habiendo entendido el significado para la palabra pacto, es importante entender que por ese convenio, acuerdo o promesa, que ambos hicieron, tenían que cumplirla hasta la muerte, porque la Biblia dice:

Eclesiastés 5:5 RVR1960 *"Mejor es que no prometas, y no que prometas y no cumplas".*

TODO ERA PERFECTO HASTA QUE ALGUIEN LO DEJÓ CAER

Retomando de nuevo el texto Bíblico con la cual empezamos este capítulo, vemos que Jonatán tenía un hijo que estaba en perfectas condiciones, hasta que su nodriza le tomó y huyó; y mientras iba huyendo apresuradamente, se le cayó el niño y quedó lisiado de ambos pies. Su nombre era Mefi-boset. (**2 Samuel 4:4 RVR1960**). La razón por la cual la nodriza toma al niño y huye, es porque tanto su padre Jonatán y su abuelo Saúl y sus demás hermanos, habían muerto en la batalla, y como era de esperarse y de costumbre cuando el rey moría, acababan con toda su casa (descendencia), y debido a esto, la nodriza escapó, leamos la historia Bíblica.

1 Samuel 31:1-13 RVR1960 *"Los filisteos, pues, pelearon contra Israel, y los de Israel huyeron delante de los filisteos, y cayeron muertos en el monte de Gilboa. Y siguiendo los filisteos a Saúl y a sus hijos, mataron a Jonatán, a Abinadab y a Malquisúa, hijos de Saúl. Y arreció la batalla contra Saúl, y le alcanzaron los flecheros, y tuvo gran temor de ellos. Entonces dijo Saúl a su escudero: Saca tu espada, y traspásame con ella, para que no vengan estos incircuncisos y me traspa-*

sen, y me escarnezcan. Mas su escudero no quería, porque tenía gran temor. Entonces tomó Saúl su propia espada y se echó sobre ella. Y viendo su escudero a Saúl muerto, él también se echó sobre su espada, y murió con él. Así murió Saúl en aquel día, juntamente con sus tres hijos, y su escudero, y todos sus varones. Y los de Israel que eran del otro lado del valle, y del otro lado del Jordán, viendo que Israel había huido y que Saúl y sus hijos habían sido muertos, dejaron las ciudades y huyeron; y los filisteos vinieron y habitaron en ellas. Aconteció al siguiente día, que viniendo los filisteos a despojar a los muertos, hallaron a Saúl y a sus tres hijos tendidos

> La razón por la cual la nodriza toma al niño y huye, es porque tanto su padre Jonatán y su abuelo Saúl y sus demás hermanos, habían muerto en la batalla, y como era de esperarse y de costumbre cuando el rey moría, acababan con toda su casa (descendencia), y debido a esto, la nodriza escapó.

en el monte de Gilboa. Y le cortaron la cabeza, y le despojaron de las armas; y enviaron mensajeros por toda la tierra de los filisteos, para que llevaran las buenas nuevas al templo de sus ídolos y al pueblo. Y pusieron sus armas en el templo de Astarot, y colgaron su cuerpo en el muro de Bet-sán. Mas oyendo los de Jabes de Galaad esto que los filisteos hicieron a Saúl, todos los hombres valientes se levantaron, y anduvieron toda aquella noche, y quitaron el cuerpo de Saúl y los cuerpos de sus hijos del muro de Bet-sán; y viniendo a Jabes, los quemaron allí. Y tomando sus huesos, los sepultaron debajo de un árbol en Jabes, y ayunaron siete días".

CORRE, PERO NO CORRAS TAN RÁPIDO
QUE TROPIECE Y LUEGO TE CAIGAS

El error de la nodriza fue, que iba tan deprisa que tropezó y cayó. Mi consejo seria a todo aquel que huye de algo, que lo haga, pero con cuidado, no sea que tropieces, por querer escapar por tu vida y termines de destruirte tú mismo. Es más preferible correr desnudo y con calma, que correr con ropa y tropezar y quedar lisiado de ambos pies.

Génesis 39:10-12 RVR1960 *"Hablando ella a José cada día, y no escuchándola él para acostarse al lado de ella, para estar con ella, aconteció que entró él un día en casa para hacer su oficio, y no había nadie de los de casa allí. Y ella lo asió por su ropa, diciendo: Duerme conmigo. Entonces él dejó su ropa en las manos de ella, y huyó y salió".*

Es como el que está rompiendo algún vicio, si lo hace rápido, puede ser tan peligroso, que puede terminar con su propia vida.

DIOS NUNCA TUVO LA CULPA

Pienso en ese niño llamado Mefi-boset, y me imagino la vida normal que él llevaba cuando era un bebé, hasta que alguien le desgració la vida. Así mismo le ha sucedido a miles de persona en el mundo entero, estaban bien, vivían bien, eran felices, pero un día alguien los dejo caer, y esa caída les desgració la vida (nota del autor, esa palabra les pudiera sonar un poco fuerte, pero su significado es; echar a perder una cosa o causar daño. Diccionario manual de la lengua española vox. © 2007 Larousse editorial, s.l.), por esa misma razón fue que comencé en el primer capítulo de este libro, explicando la caída de Lucifer, porque es él, el causante de que existan tantas tragedias, tantas desgracias, tanto dolor, tanta traición, tanto sufrimiento, tanta criminalidad y tanta muerte; porque tenemos una Palabra que nos dice:

S. Juan 10:10 RVR1960 *"El ladrón no viene sino para hurtar y matar y destruir; Yo he venido para que tengan vida, y para que la tengan en abundancia".*

Por tal razón amigo, hermano, levántate nuevamente, y deja que sea Dios quien te restaure, pero dale la oportunidad, Dios nunca tuvo la culpa de que alguien te dejara caer, al contrario, el causante de todos los males es Satanás, el Diablo, Lucifer, o como lo quieras llamar. Salomón en sus estudios profundos escribió una gran verdad, leámosla por favor.

Eclesiastés 7:29 RVR1960 *"He aquí, solamente esto he hallado: que Dios hizo al hombre recto, pero ellos buscaron muchas perversiones".*

Salomón después de estudiar a profundidad, el porqué de tanto dolor y sufrimiento de la humanidad, él mismo llegó a la conclusión, de que en el principio Dios creó al hombre en perfectas condiciones, pero fue el hombre que opto en buscar muchas perversiones, y por ende llego el dolor y el sufrimiento.

TÚ NO ERES UN ERROR, NI TAMPOCO UNA COINCIDENCIA

Me imagino yo a Mefi-boset jugando con los demás niños que había en su vecindad, como niño al fin, haciendo las travesuras que cualquier niño normal hacía;

pero alguien le cambió la historia, porque desde su caída, su vida jamás fue la misma. Ahora me puedo imaginar, como se sentía Mefi-boset viendo a sus hermanos jugar, y el no poder jugar con ellos, debido a que desde los cinco 5 años de edad, su vida ya no era igual, porque alguien lo dejo caer y ahora era lisiado. Me duele pensar que hay vidas alrededor del mundo, que piensan y viven de la misma manera, quizás por el maltrato del esposo, de la esposa, quizás porque fue violado o violada, quizás porque simplemente sus padres le dijeron que había sido un error tenerlo, quizás porque alguien te dijo que jamás te volverías a levantar, pero por las razones que hayan sido, hoy te digo en el Nombre Poderoso de Jesús; tu puedes, tú no eres un error, tampoco una coincidencia, al contrario, Dios te creó y te mandó a llamar, para que vivieras como un príncipe o una princesa.

Quizás me digas, - hermano Jonathan, pero es que me levanto y vuelvo y caigo, - ok, pero ahora te pregunto yo ¿Acaso cuando un recién nacido viene al mundo, llega caminando ya?, ¿Verdad que no? ¿Sabes por qué?, porque todo en esta vida es un proceso, ese niño, para poder caminar bien, tiene que caerse muchas veces en la vida, pero cuantas veces se caiga, vuelve y se levanta, porque de la misma forma que ese niño llora cuando se cae, de la misma forma lloramos cuando nos caemos y tropezamos, pero con la gran diferencia, que nosotros somos ovejas y no cerdos, aunque hay algunos y algunas iglesias que caminan como si tuvieran alas detrás de sus espaldas, y como si fueran los únicos que van a ir para el cielo, esto a mí en lo personal me repugna, porque todos, sin sacar a nadie, hemos ofendido a nuestro Dios, la única diferencia que hay es la siguiente, y de la mejor manera que puedo explicarles esto es a través de una anécdota.

LA DIFERENCIA DEL CERDO A LA OVEJA

La anécdota se basa, en la diferencia que hay, de la oveja y del cerdo; y es que por alguna razón, la oveja termina casi siempre atrapada en el fango, y también el cerdo, pero la diferencia es que cada vez que la oveja cae en el fango, comienza a bramar para que el pastor la saque de ahí, pero el cerdo cuando cae en el fango, se revuelca por que le gusta, ya que esa es su naturaleza como muy bien lo describe la Biblia.

Proverbios 26:11 RVR60 *"Como perro que vuelve a su vómito, Así es el necio que repite su necedad"*.

Y el apóstol Pedro también lo declara en su carta, pero que esta vez, le añado algo más, leámoslo:

2 Pedro 2:22 RVR60 *"Pero les ha acontecido lo del verdadero proverbio: El perro vuelve a su vómito, y la puerca lavada a revolcarse en el cieno"*.

Por esa misma razón, es que eres una oveja y no un cerdo, es que tienes que salir de Lodebar, pero esto lo explicaré en el siguiente capítulo, ¡no te lo puedes perder!

CAPÍTULO 8

LO HIZO
POR AMOR

2 Samuel 9:1-13 RVR1960 *"Dijo David: ¿Ha quedado alguno de la casa de Saúl, a quien haga yo misericordia por amor de Jonatán? Y había un siervo de la casa de Saúl, que se llamaba Siba, al cual llamaron para que viniese a David. Y el rey le dijo: ¿Eres tú Siba? Y él respondió: Tu siervo. El rey le dijo: ¿No ha quedado nadie de la casa de Saúl, a quien haga yo misericordia de Dios? Y Siba respondió al rey: Aún ha quedado un hijo de Jonatán, lisiado de los pies".*

La misericordia provenía de Dios y no simplemente del rey David, una gran enseñanza para aquellos que no han sabido perdonar todavía, podemos ver y darnos cuenta, que con la ayuda de Dios todo es posible.

Continúa la lectura de **2 Samuel 9:1-13 RVR1960:**

//Entonces el rey le preguntó: ¿Dónde está? Y Siba respondió al rey: He aquí, está en casa de Maquir hijo de Amiel, en Lodebar. Entonces envió el rey David, y le trajo de la casa de Maquir hijo de Amiel, de Lodebar. Y vino Mefi-boset, hijo de Jonatán hijo de Saúl, a David, y se postró sobre su rostro e hizo reverencia. Y dijo David: Mefi-boset. Y él respondió: He aquí tu siervo. Y le dijo David: No tengas temor, porque yo a la verdad haré contigo misericordia por amor de Jonatán tu padre, y te devolveré todas las tierras de Saúl tu padre; y tú comerás siempre a mi mesa. Y él inclinándose, dijo: ¿Quién es tu siervo, para que mires a un perro muerto como yo? Entonces el rey llamó a Siba siervo de Saúl, y le dijo: Todo lo que fue de Saúl y de toda su casa, yo lo he dado al hijo de tu señor. Tú, pues, le labrarás las tierras, tú con tus hijos y tus siervos, y almacenarás los frutos, para que el hijo de tu señor tenga pan para comer; pero Mefi-boset el hijo de tu señor comerá siempre a mi mesa. Y tenía Siba quince hijos y veinte siervos. Y respondió Siba al rey: Conforme a todo lo que ha mandado mi señor el rey a su siervo, así lo hará tu siervo. Mefi-boset, dijo el rey, comerá a mi mesa, como uno de los hijos del rey. Y tenía Mefi-boset un hijo pequeño, que se llamaba Micaía. Y toda la familia de la casa de Siba eran siervos de Mefi-boset. Y moraba Mefi-boset en Jerusalén, porque comía siempre a la mesa del rey; y estaba lisiado de ambos pies".

EN TU REINO, SIEMPRE DIOS TENDRÁ UN SIBA

Esto es lo que yo le llamo, unas de las historias más bellas que tiene toda la Biblia. De acuerdo con las palabras del apóstol Pablo descritas en Filipenses, no me cabe la menor duda, que Dios fue el que le puso al rey David, tanto el querer como el hacer, veamos:

Filipenses 2:13 RVR1960 *"Porque Dios es el que en vosotros produce así el querer como el hacer, por su buena voluntad".*

2 Samuel 9:1 RVR1960 *"De la nada el rey irrumpe, con una pregunta. ¿Ha quedado alguno de la casa de Saúl, a quien haga yo misericordia por amor de Jonatán?".*

Entiendo que la palabra irrumpir significa: entrar violentamente en un lugar (nota del autor: pero en esta ocasión quiero sonar hiperbólico-exagerado aquí en esta historia), por lo tanto me imagino yo al rey David entrar violentamente al lugar donde todos se encontraban y los mandó a callar, alzando la voz hizo la misma pregunta:

2 Samuel 9:1 RVR1960 *"¿Ha quedado alguno de la casa de Saúl, a quien haga yo misericordia por amor de Jonatán?".*

Me impacta tanto esta pregunta que el rey David hace, por la razón de que el rey que le antecedió (Saúl), fue malo con él (David), lo calumnió, lo persiguió, lo intentó matar en tres ocasiones, y con todo y eso, el rey David preguntó:

2 Samuel 9:1 RVR1960 *"¿Ha quedado alguno de la casa de Saúl, a quien haga yo misericordia por amor de Jonatán?".*

¡Wow! todo por amor a su mejor amigo Jonatán, pero no simplemente por amor a su mejor amigo, sino que los textos siguientes explican de forma clara y precisa, que no era por las propias fuerzas de David, sino por las fuerzas de Dios, veamos por favor:

2 Samuel 9:3 RVR1960 *"El rey le dijo: ¿No ha quedado nadie de la casa de Saúl, a quien haga yo <<misericordia de Dios>>? Y Siba respondió al rey: Aún ha quedado un hijo de Jonatán, lisiado de los pies".*

Me explico, la misericordia provenía de Dios y no simplemente del rey David, una gran enseñanza para aquellos que no han sabido perdonar todavía, podemos ver y darnos cuenta, que con la ayuda de Dios todo es posible.

Filipenses 4:13 RVR1960 *"Todo lo puedo en Cristo que me fortalece".*

Siguiendo en el texto, podemos ver que un siervo del rey Saúl llamado Siba, fue el que le respondió y dijo, que él sabía dónde era que estaba ese descendiente del rey Saúl (nota del autor: acuérdate pastor o líder, que siempre en tu "reinado" o posición, habrá algún siervo del rey que te antecedió), veamos la poderosa historia.

2 Samuel 9:2 RVR1960 *"Y había un siervo de la casa de Saúl, que se llamaba Siba, al cual llamaron para que viniese a David. Y el rey le dijo: ¿Eres tú Siba? Y él respondió: Tu siervo".*

Entendamos una cosa, Siba significa plantador por Dios, lo que indica que Dios mismo se ha encargado de plantarlos, porque tu necesitarás a Siba en tu "palacio", tarde que temprano, porque es precisamente Siba quién te va a revelar la identidad de los Mefi-boset que tú tienes en tu iglesia y que no te has dado cuenta, porque cuando alguien los dejo caer, fueron y se escondieron en un lugar oculto por temor, al rechazo, a la burla, o a la humillación, por eso creo amado pastor y líder que está leyendo las páginas de este libro, que te debo hacer un reto con todo el respeto que te mereces, y el reto consta, en que te atrevas a hacer la misma pregunta que hizo el rey David en tu congregación, porque no tengo duda, que en tu "palacio" habrá un Siba que te conducirá a donde está la necesidad, porque hay cantidad de lisiados en tu congregación clamando por ayuda, pero no se atreven a salir de Lodebar, porque piensan que en vez de ayudarlos, los van a herir más de lo que los han herido ya, porque lamentablemente hay cantidad de predicadores y líderes maltratando a las ovejas de Cristo, por las cuales Él pago el precio en la cruz del Calvario, y con esto han hecho que esos príncipes y princesas vivan en Lodebar por temor al qué dirán, y no quiero que me mal en tiendan por favor, porque creo que lo que está mal, está mal, tal y como dice la Biblia.

Isaías 5:20 RVR1960 *"¡Ay de los que a lo malo dicen bueno, y a lo bueno malo; que hacen de la luz tinieblas, y de las tinieblas luz; que ponen lo amargo por dulce, y lo dulce por amargo!".*

Pero también la Biblia nos manda a corregir el pecado con amor.

Proverbios 16:6 RVR1960 *"Con misericordia y verdad se corrige el pecado, Y con el temor de Jehová los hombres se apartan del mal".*

¡Démonos cuenta por favor hermanos! que hasta

que el rey no hizo la pregunta, nadie contestó y mucho menos reveló la identidad de Mefi-boset, lo que significa que el temor, los había invadido, pensando que el rey lo iba a matar. Creo con todo mi corazón que la oveja en vez de sentir miedo a su pastor, o a su líder, debe de sentirse segura y protegida, sabiendo que su pastor o líder la va a sanar de cualquier enfermedad o dolencia que tenga. Por eso creo y entiendo que los Sibas son muy necesarios en las iglesias, porque por decirlo de forma hiperbólica, ellos tienen proféticamente el deber de plantar a los Mefi-boset en el palacio del rey y gritarles ¡la nodriza que te dejo caer, ya no está! ¡Puedes salir de Lodebar ya!

Siba significa plantador por Dios, lo que indica que Dios mismo se ha encargado de plantarlos, porque tu necesitarás a Siba en tu "palacio", tarde que temprano, porque es precisamente Siba quién te va a revelar la identidad de los Mefi-boset que tú tienes en tu iglesia y que no te has dado cuenta.

DIOS SABÍA QUIEN ERAS TÚ, ANTES DE QUE ÉL TE LLAMARA

Después que el rey David le hizo la pregunta a Siba, fue ahí que Siba aprovechó y le respondió al rey:

2 Samuel 9:3 RVR1960 *"Y Siba respondió al rey: Aún ha quedado un hijo de Jonatán, lisiado de los pies".*

Siba estaba esperando ese gran momento, por que como dije en el párrafo anterior, es Siba el responsable de llevar a Mefi-boset al palacio, porque es ahí donde

Mefi-boset debe de estar. Dos cosas súper importantes para mí, y que creo que debo de resaltar en este capítulo y son, número uno, menciona el nombre de su papá (Jonathan) y número dos, que Mefi-boset era lisiado.

Jonatán significa regalo de Dios, lo que quiero decir con esto es, que como eres un regalo de Dios, todo lo que Dios da es bueno, y por eso es que el Diablo se ha encargado de que tu no salgas de Lodebar, porque él no quiere que tu lleves bendición al palacio, la muy buena noticia es, que como todo tiene su tiempo, hoy te digo; tu tiempo ha llegado, prepárate por que Siba te va a llevar a donde tú perteneces, basta ya de estar en el anonimato por tanto tiempo, basta ya de estar escondiéndote, basta ya de vivir una vida con temor, es tiempo de que salgas de Lodebar, ¡Aleluya!.

La otra observación que hice fue, que Siba le dijo al rey que Mefi-boset era lisiado. Me conmovieron estas palabras al leerlas porque quiere decir, que ya el rey de antemano sabía las incapacidades que tenía Mefi-boset, permítame decir ¡Wow! Impresionante, quizás usted se preguntará -¿Impresionante por qué? -Bueno porque esto quiere decir, que cuando Dios nos llamó, sabía Él las limitaciones que nosotros íbamos a tener, y pasando por alto eso nos llamó como quiera (nota del autor, al escribir estas palabras, tuve que hacer una pausa, porque la Presencia de Dios inundó todo mi cuerpo, de manera que se me resaltaron las lágrimas).

No logro entender amados míos, como hay cantidad de "hermanos" creyéndose los más santos y los más consagrados, cuando todos (incluyéndome a mí) éramos lisiados, cuando Él nos llamó, y todavía hay una parte de nosotros que sigue estando lisiada, como lo fue en el caso de Mefi-boset, pero esto lo voy a tocar luego, la Biblia dice:

Salmos 138:8 RVR1960 *"Jehová cumplirá su propósito en mí; Tu misericordia, oh Jehová, es para siempre; No desampares la obra de tus manos".*

Quiero romper este texto Bíblico si ustedes me lo permiten, empecemos por favor.

DIOS TERMINA LO QUE ÉL EMPIEZA

Salmos 138:8 RVR60 *"Jehová <<cumplirá>> su <<propósito>> en mí; Tu <<misericordia>>, oh Jehová, es para siempre; no <<desampares>> la obra de tus manos".*

Cumplirá se pronuncia gamár, en hebreo y significa, terminar, acabar, o favorecer (Nueva Concordancia Strong Exhaustiva). Lo que significa, que Dios nunca deja nada a medias, sino que en medio de nuestras debilidades, flaquezas, nos favorece, para que así de esta manera el plan de Dios se pueda llevar a cabo en nuestras vidas. Propósito se pronuncia kjésed en hebreo y significa, bondad, piedad o belleza (Nueva Concordancia Strong Exhaustiva). Lo que nos indica con esto es, que es por su bondad o piedad que él cumple su propósito en nosotros, y esa belleza, es la que atrae a Dios a sentir piedad por nosotros, porque la realidad es, que nosotros no nos merecemos nada. Ahora la próxima palabra que es mencionada en este texto Bíblico es misericordia, y tiene el mismo significado que propósito, por lo tanto no la voy a explicar debido a que ya la expliqué con la palabra propósito. Desamparar que es la otra palabra mencionada en este texto Bíblico y que se pronuncia rafá en hebreo y que significa, aflojar, bajar, ceder, dejar, desamparar, detener o intimidar. Dios nos está diciendo con todo esto, que por ninguna de nuestras limitaciones, Él se va dejar intimidar, ahora diga conmigo; ¡Wow, pa mí, fue eso! ¿Sabes porque es que nuestro Dios nunca va aflojar su mano de nosotros?

Romanos 11:29 RVR60 *"Porque irrevocables son los dones y el llamamiento de Dios".*

Además, cuando Él nos llamó, ya sabía y conocía de antemano nuestras debilidades y nuestras flaquezas. Veamos haber que significa la palabra irrevocable, pero primero esta palabra se pronuncia ametaméletos en griego, que quiere decir; no hay de qué preocuparse o lamentar. ¿Por qué? porque Él sabía tus limitaciones antes de llamarte, cosa que no le toman por sorpresas a Él. Mi esperanza es esta y también estoy seguro que la de muchos también.

Filipenses 1:6 RVR1960 *"Estando persuadido de esto, que el que comenzó en vosotros la buena obra, la perfeccionará hasta el día de Jesucristo".*

CAPÍTULO 9

JAMAS ME IMAGINÉ, QUE DIOS ME FUERA A LLAMAR

2 Samuel 9:4 RVR1960 *"Entonces el rey le preguntó: ¿Dónde está? Y Siba respondió al rey: He aquí, está en casa de Maquir hijo de Amiel, en Lodebar".*

Prepárate para ser removido de tu lugar de incomunicación, dile adiós a Lodebar y a la cárcel en la cual has estado por tanto tiempo, porque Dios hoy te promoverá, te sacará fuera como le hizo a Abraham, para que veas lo que Dios tiene preparado para ti.

DIOS DE TI NUNCA SE OLVIDARÁ

Quisiera si ustedes me lo permiten, romper este texto Bíblico, para podérselo explicar de la manera que Dios me lo reveló a mí. Para empezar, Mefi-boset se encontraba en la casa de Marquir, cuyo nombre significa vendido y olvidado y todo por "culpa" de una caída que ni tan siquiera fue culpa de él cuando esto pasó. Inmediatamente después de su caída, se le "esfumaron" sus sueños (nota del autor: palabra que significa disiparse, desvanecerse) y lo siguiente fue que se olvidaron hasta de que él existía, con excepción de Siba, que siempre estuvo al tanto de él. Me pregunto yo ¿Cuán difícil habrá sido para Mefi-boset esta prueba? Porque no simplemente quedo lisiado, sino que fue vendido y olvidado, tal y como le paso a José, que primero lo vendieron y después se olvidaron de él, veamos:

Génesis 37:27-28 RVR1960 *"Venid, y venderles a los ismaelitas, y no sea nuestra mano sobre él; porque él es nuestro hermano, nuestra propia carne. Y sus hermanos convinieron con él. Y cuando pasaban los madianitas mercaderes, sacaron ellos a José de la cisterna, y le trajeron arriba, y le vendieron a los ismaelitas por veinte piezas de plata. Y llevaron a José a Egipto".*

Ahora leamos cuando se olvidaron de él después que José interpreta unos sueños.

Génesis 40:14, 23 RVR1960 *"Acuérdate, pues, de mí cuando tengas ese bien, y te ruego que uses conmigo de misericordia, y hagas mención de mí a Faraón,* *y me saques de esta casa... Y el jefe de los coperos no se acordó de José, sino que le olvidó".*

Cuando leo esta historia me conmuevo, porque no es cosa fácil, ser vendido y olvidado, pero que a la misma vez me gozo, porque aunque el mundo se olvide de ti y de mí, Dios nunca se olvidará y eso es lo más importante, porque tu lugar y el mío, no es Lodebar y mucho menos la cárcel, sino la mesa donde se encuentra el Rey.

DILE ADIÓS A TU PASADO

Habiéndoles explicado lo que significa Marquir, quiero traer a colación también el nombre de Amiel, porque este nombre significa, pueblo de Dios, lo que nos indica con todo esto es, que hay mucho pueblo de Dios viviendo en Lodebar, por eso hoy con la autoridad de Dios te digo; prepárate para ser removido de tu lugar de incomunicación, dile adiós a Lodebar y a la cárcel en la cual has estado por tanto tiempo, porque Dios hoy te promoverá, te sacará fuera como le hizo a Abraham, para que veas lo que Dios tiene preparado para ti, porque ahí donde estas (Lodebar), no puedes ver tu futuro, no puedes ver el plan y el propósito que Dios tiene para contigo, veamos:

Génesis 15:5-6 RVR1960 *"Y lo llevó fuera, y le dijo: Mira ahora los cielos, y cuenta las estrellas, si las puedes contar. Y le dijo: Así será tu descendencia. Y creyó a Jehová, y le fue contado por justicia".*

Hay ocasiones que Dios nos tiene que sacar fuera, vuelvo y reitero, para poder ver lo que Él tiene con nosotros, porque Lodebar solo lo que hace es, dejar-

nos sin palabras, ya que Lodebar significa lugar incomunicado, y por tal razón hoy te digo en el nombre de
Jesús que Lodebar se despide de ti aunque no quiera,
porque Dios ha dado la orden, ¡traigan a Mefi-boset!
Dios no soporta un minuto más que sigas en el lugar
incomunicativo, ¿Por qué este nombre significa lugar
incomunicativo? Porque se divide de dos maneras "lo"
que significa "no" y "debar" que significa palabras,
cuando unimos Lodebar, significa "no palabras" lo que
significa es, que cuando aquella nodriza lo dejo caer,
no simplemente fue vendido y olvidado, sino que también fue llevado a un lugar donde no tenía comunicación con nadie, pero la buena noticia para ti hoy
querido hermano o hermana es, que se acabó la
mudez espiritual, desde hoy vuelves a restaurar tu comunicación con Dios y con el mundo. La comunicación
es súper importante en una relación, es imposible,
tener una buena relación, sin comunicación, ese ha
sido el problema de la iglesia del siglo 21, que quieren
relación sin comunicación, para que Dios me pueda
hablar a mí, yo tengo que hablarle a Él, la Biblia dice:

Santiago 4:8 RVR1960 *"Acercaos a Dios, y él se
acercará a vosotros...".*

El problema de nosotros ha sido como el de muchos
jóvenes de hoy día; quieren tener relaciones sexuales
sin compromiso, lo mismo quieren hacer con Dios,
quieren que Él los use, pero no hay compromiso, o sea
intimidad con Él, ahora diga conmigo; ¡A já, pa mí, fue
eso!

TU IDENTIDAD TE SERÁ CAMBIADA

Miremos cuál era su verdadero nombre:

1 Crónicas 9:39-40 RVR1960 *"Ner engendró a Cis, Cis engendró a Saúl, y Saúl engendró a Jonatán, Malquisúa, Abinadab y Es-baal. Hijo de Jonatán fue Meribbaal, y Merib-baal engendró a Micaía".*

Mefi-boset se llamaba originalmente Merib-baal: Que quiere decir; combatiente contra Baal, es decir, un héroe valiente (ese era Mefi-boset), pero ahora, cuando es traído al salón del trono de David, se llama Mefi-boset, esto es repartidor de oprobio, o el que destruye la vergüenza. Que impactante es poder ver, la verdadera identidad de este hombre, porque dentro de sí mismo había un guerrero, pero su caída, lo metió en Lodebar, y así de esta manera ocultó el potencial que había en él. Cuanta cantidad de hermanos y hermanas, hay en la misma situación, escondidos en Lodebar, cuando pudieran estar peleando contra Baal, ahora no podemos pasar por alto que también se le conocía a Merib-baal, como Mefi-boset, que significa, el que destruye la vergüenza, Mefi-boset tenía que romper con el temor y la vergüenza que por tantos años lo había atado a su pasado, al igual que a ti amado hermano o hermana, permite que tu pasado sea lejano de tu vida, esa es la razón por la cual no has podido echar adelante con lo que Dios ha puesto en tus manos, porque te la has pasado pensando en tu pasado todo el tiempo, o como si fuera poco, te pasas hablando a todo el mundo también de tu pasado, y cada vez que lo haces, pierdes tu enfoque y eso es exactamente lo que quiere el Diablo de ti, Pablo aprendió este secreto y tuvo gran éxito en su Ministerio, y fue olvidar su pasado, veamos:

Filipenses 3:13-14 RVR1960 *"Hermanos, yo mismo*

no pretendo haberlo ya alcanzado; pero una cosa hago: olvidando ciertamente lo que queda atrás, y extendiéndome a lo que está delante, prosigo a la meta, al premio del supremo llamamiento de Dios en Cristo Jesús".

Entiéndalo una vez y por todas amados de Dios, no podemos correr hacia "la meta" mirando hacia atrás (el pasado). Pablo estaba resuelto a no dejar que nada le distrajera, vuelvo a repetirles, no es posible correr hacia adelante si miramos hacia atrás (pasado). El mirar atrás resultará la muerte, como registra en el caso de la mujer de Lot, cuando el mismo Señor Jesucristo dijo:

S. Lucas 17:32 RVR60 *"Acordaos de la mujer de Lot".*

Pero que también dijo en Lucas:

> *El problema de nosotros ha sido como el de muchos jóvenes de hoy día; quieren tener relaciones sexuales sin compromiso, lo mismo quieren hacer con Dios, quieren que Él los use, pero no hay compromiso, o sea intimidad con Él.*

S. Lucas 9:62 RVR60 *"Ninguno que poniendo su mano en el arado mira hacia atrás, es apto para el reino de Dios".*

No podemos vivir en el pasado, porque la meta está adelante. Quizás usted se preguntará -¿por qué es tan importante olvidar el pasado? Y yo te responderé; -porque es imposible movernos hacia delante si estamos viviendo en el pasado, si tú quieres tener éxito en tu vida, debes de olvidar el pasado, para poder tener éxito en el presente. Eso fue exactamente lo que tuvo que hacer Mefi-boset cuando el rey lo mandó a llamar, veamos:

2 Samuel 9:5-6 RVR1960 *"Entonces envió el rey David, y le trajo de la casa de Maquir hijo de Amiel, de Lodebar. Y vino Mefi-boset, hijo de Jonatán hijo de Saúl, a David, y se postró sobre su rostro e hizo reverencia. Y dijo David: Mefi-boset. Y él respondió: He aquí tu siervo".*

EL REY ME MANDÓ A LLAMAR

Este texto Bíblico me sigue causando asombro, porque habiéndole Siba dicho al rey que Mefi-boset era lisiado, con todo y eso el rey "lo mando a llamar". Yo comparo la actitud del rey David, con la misma que la de Dios, me explico; este texto nos está diciendo: la "posición" en la cual Dios te pondrá, puede sobre pasar tu condición actual. No nos podemos olvidar por nada del mundo, que todos un día estuvimos como Mefi-boset, descarriados, alejados, apartados, pero a según David tuvo de él misericordia y lo mando a llamar, de la misma manera hizo Dios con nosotros, según la Biblia, y ella no miente porque es Palabra de Dios.

ISAÍAS 53:6 RVR60 *"Todos nosotros nos descarriamos como ovejas, cada cual se apartó por su camino; mas Jehová cargó en él el pecado de todos nosotros".*

En este momento, me imagino yo, y permítame usar mi imaginación por favor, que el Mefi-boset mutilado que habla la Biblia, ahora estaba siendo traído a la mesa con el rey, frente a todos los espectadores, y esto sí, que tuvo que haber sido tremendo espectáculo, pienso que todo se paralizó al ver a un hombre que venían cargando al hombro, el cual nunca habían visto, y mucho menos oído (por vivir el en Lodebar), todo el mundo se miraba, nadie se atrevía a decir algo, ya que fue una orden directa del rey y las órdenes se tenían que obedecer, costara lo que costara. Ahora la gente se habrá estado preguntando -¿y este quién es? ¿Y para dónde se cree que va? Lo mismo nos pasó a nosotros, porque cuando el Rey nos mandó a llamar, el Diablo, los demonios y la gente, se hacía señas, como quien dice: -¿Y este quién se cree que es, y para dónde cree que viene? Pero me imagino yo a Mefi-boset diciéndoles; con permiso, el rey me mando a llamar ¡aleluya! Porque cuando todos nos preguntaron -¿qué tú haces aquí, y quién te crees que eres? Nosotros simplemente contestamos: el Rey me mando a llamar.

Muchas personas nos criticaron y nos señalaron, cuando vieron que estábamos en el palacio con el Rey, junto a su mesa, y nos cuestionaron diciendo -¿Por qué tu estas aquí? Si tú eres un lisiado, pero como Mefi-boset, nos volteamos a ellos y les dijimos; con permiso, "el Rey me mando a llamar", yo no estoy aquí porque quiero, sino porque me llamaron. Esto es lo que los enfurece, porque nosotros no hicimos nada para que el Rey nos mandara a llamar, tampoco hicimos nada para estar en el santo ministerio, pero a nuestro Rey le plació llamarnos, otros estaban más preparados que nosotros, otros tenían una educación mucho más alta que la de nosotros, pero vuelvo y reitero, al Rey le plació llamarnos, por eso cuando alguien me pregunta o me cuestiona en la posición en la cual Dios me ha puesto, yo simplemente les contesto; "con permiso, el Rey me mando a llamar".

UN PACTO SE CUMPLE

Una de las preguntas curiosas que yo le hice al Señor fue la siguiente -¿Señor por qué el rey David mando a llamar a Mefi-boset siendo él lisiado? ¿Y cómo yo puedo comparar esto contigo y nosotros? Veamos la respuesta de Papá, pero primero leamos esta conversación de Jonatán y David aquí a la luz de la Palabra.

1 Samuel 20:14-17 RVR1960 *"Y si yo viviere, harás conmigo misericordia de Jehová, para que no muera, y no apartarás tu misericordia de mi casa para siempre. Cuando Jehová haya cortado uno por uno los enemigos de David de la tierra, no dejes que el nombre de Jonatán sea quitado de la casa de David. Así hizo Jonatán pacto con la casa de David, diciendo: Requiéralo Jehová de la mano de los enemigos de David. Y Jonatán hizo jurar a David otra vez, porque le amaba, pues le amaba como a sí mismo".*

Contestando la primera pregunta que le hice a mi Señor, y es que por cuanto David hizo pacto con Jonatán, tenía que cumplirlo a como dé lugar, inclusive aunque Saúl fuera malo con él y Mefi-boset también. Esta escena yo la comparo a la misma de Dios con nosotros, que muchas veces le fallamos, lo traicionamos, lo negamos, le somos infieles, pero Él tal y como dice su Palabra permanece fiel a nosotros.

2 Timoteo 2:13 RVR1960 *"Si fuéremos infieles, él permanece fiel; Él no puede negarse a sí mismo".*

Ahora acordémonos hermano que un "pacto" aunque sea hecho por humanos, no se puede revocar, veamos:

Gálatas 3:15 RVR1960 *"Hermanos, hablo en términos humanos: Un pacto, aunque sea de hombre, una vez ratificado, nadie lo invalida, ni le añade".*

POR ESTA RAZÓN DAVID CUIDÓ A MEFI-BOSET, PARA CUMPLIR CON EL PACTO

2 SAMUEL 21:1-8 RVR60 *"Hubo hambre en los días de David por tres años consecutivos. Y David consultó a Jehová, y Jehová le dijo: Es por causa de Saúl, y por aquella casa de sangre, por cuanto mató a los gabaonitas. Entonces el rey llamó a los gabaonitas, y les habló. (Los gabaonitas no eran de los hijos de Israel, sino del resto de los amorreos, a los cuales los hijos de Israel habían hecho juramento; pero Saúl había procurado matarlos en su celo por los hijos de Israel y de Judá.) Dijo, pues, David a los gabaonitas: ¿Qué haré por vosotros, o qué satisfacción os daré, para que bendigáis la heredad de Jehová? Y los gabaonitas le respondieron: No tenemos nosotros querella sobre plata ni sobre oro con Saúl y con su casa; ni queremos que muera hombre de Israel. Y él les dijo: Lo que vosotros dijereis, haré. Ellos respondieron al rey: De aquel hombre que nos destruyó, y que maquinó contra nosotros para exterminarnos sin dejar nada de nosotros en todo el territorio de Israel, dénsenos siete varones de sus hijos, para que los ahorquemos delante de Jehová en Gabaa de Saúl, el escogido de Jehová. Y el rey dijo: Yo los daré. <<Y perdonó el rey a Mefi-boset hijo de Jonatán, hijo de Saúl, por el juramento de Jehová que hubo entre ellos, entre David y Jonatán hijo de Saúl>>. Pero tomó el rey a dos hijos de Rizpa hija de Aja, los cuales ella había tenido de Saúl, Armoni y Mefi-boset, y a* *cinco hijos de Mical hija de Saúl, los cuales ella había tenido de Adriel hijo de Barzilai meholatita".*

NO TE PARES DE LA MESA

Ya que les expliqué el primer punto de forma teológica, ahora permítame explicarles el segundo punto de forma espiritual. La razón por la cual Dios nos llama aunque estemos lisiados, es porque en la mesa de cada rey hay un mantel cubriendo la mesa, lo que indica que ese mantel, representa su Sangre, y mientras estemos cubiertos por su preciosa Sangre, nadie puede ver nuestras limitaciones, el problema seria, si nos levantamos de la mesa (descarriamos), es ahí donde se echan de ver nuestras limitaciones, por eso mi consejo hacia ti amado lector es; quédate a la mesa con el Rey, no te pares para nada y así nadie te podrá acusar, porque el mantel cubre tus limitaciones, y si hubiera alguien acusándote estando tú a la mesa y tapándote el mantel de Dios (su Sangre), recuérdales lo que el apóstol Juan dijo:

1 Juan 2:1-2 RVR1960 *"Hijitos míos, estas cosas os escribo para que no pequéis; y si alguno hubiere pecado, abogado tenemos para con el Padre, a Jesucristo el justo. Y Él es la propiciación por nuestros pecados; y no solamente por los nuestros, sino también por los de todo el mundo".*

Si por casualidad alguien más te sigue acusando, déjales saber que:

1 Juan 1:9 RVR1960 *"Si confesamos nuestros pecados, Él es fiel y justo para perdonar nuestros pecados, y limpiarnos de toda maldad".*

CAPÍTULO 10

NO SERÉ EL MEJOR PERO ME PASEARÉ ENTRE ELLOS

2 Samuel 9:4-13 RVR1960 *"Y vino Mefi-boset, hijo de Jonatán hijo de Saúl, a David, y se postró sobre su rostro e hizo reverencia. Y dijo David: Mefi-boset. Y él respondió: He aquí tu siervo. Y le dijo David: No tengas temor, porque yo a la verdad haré contigo misericordia por amor de Jonatán tu padre, y te devolveré todas las tierras de Saúl tu padre; y tú comerás siempre a mi mesa."*

Hay que dar gloria a Dios por nuestras debilidades, sean las que sean, y no dejar de orarle a Dios para que nos las quite, porque la realidad es, que son esas debilidades, las que nos mantienen humildes, y Pablo el apóstol de Jesucristo aprendió eso.

Continúa la lectura de **2 Samuel 9:4-13 RVR1960**

"Y él inclinándose, dijo: ¿Quién es tu siervo, para que mires a un perro muerto como yo? Entonces el rey llamó a Siba siervo de Saúl, y le dijo: Todo lo que fue de Saúl y de toda su casa, yo lo he dado al hijo de tu señor. Tú, pues, le labrarás las tierras, tú con tus hijos y tus siervos, y almacenarás los frutos, para que el hijo de tu señor tenga pan para comer; pero Mefi-boset el hijo de tu señor comerá siempre a mi mesa. Y tenía Siba quince hijos y veinte siervos. Y respondió Siba al rey: Conforme a todo lo que ha mandado mi señor el rey a su siervo, así lo hará tu siervo. Mefi-boset, dijo el rey, comerá a mi mesa, como uno de los hijos del rey. Y tenía Mefi-boset un hijo pequeño, que se llamaba Micaía. Y toda la familia de la casa de Siba eran siervos de Mefi-boset. Y moraba Mefi-boset en Jerusalén, porque comía siempre a la mesa del rey; y estaba lisiado de ambos pies".

DARLE GRACIAS A DIOS POR TUS LIMITACIONES

Quise ponerle como tema a este capítulo final "no seré el mejor, pero me pasearé entre ellos", por la sencilla razón amados, de que ni Mefi-boset, ni tú, y mucho menos yo, éramos dignos de que el Rey nos llamara. Me conmuevo en pensar lo que éramos nosotros antes de que el Rey nos llamara, donde vivíamos, como vivíamos, como vestíamos, y con quién vivíamos, y cómo Dios nos trasformó, nos cambió, nos libertó y no simplemente eso, sino que también nos bendijo, al nivel de que hoy podemos comer a la mesa con el Rey (¡Aleluya!). Nos sacó de Lodebar (lugar donde no hay comunicación), y nos trajo a Jerusalén (lugar de paz). ¡Wow! Que cambio del cielo a la tierra el de Mefi-boset y el de nosotros también, viviendo por tantos años, en un lugar incomunicado, en un lugar de miseria, en un lugar de maldición, de la nada el rey David hace la pregunta que jamás nadie hubiera imaginado:

2 Samuel 9:1 RVR1960 *"¿Ha quedado alguno de la casa de Saúl, a quien haga yo misericordia por amor de Jonatán?"*.

¿No le conmueve esto a usted amado? A mí sí me conmueve, porque Dios no tenía que llamarte, ni tampoco llamarme a mí, sin embargo su amor, su misericordia fue y es tan grande para contigo y conmigo, que Él dijo: sáquenlo de Lodebar, y tras bastidores se comenzaron a oír voces; -¿pero para qué lo vas a llamar? ¡No ves que es lisiado! -y me imagino yo a Dios decir; tú lo ves lisiado, pero yo no lo veo de esa manera y esto es lo maravilloso de Dios, porque Él llama las cosas que no son, como si fueran.

Romanos 4:17 RVR1960 *"(como está escrito: Te he puesto por padre de muchas gentes) delante de Dios, a quien creyó, el cual da vida a los muertos, y llama las cosas que no son, como si fuesen"*.

Ahora yo en lo personal entiendo, porque es que Dios llama a esta clase de personas, y es porque sus limitaciones les enseñan a ser humildes, leamos como fue que Mefi-boset actuó en la presencia del rey.

2 Samuel 9:6 RVR1960 *"Y vino Mefi-boset, hijo de Jonatán hijo de Saúl, a David, y se postró sobre su rostro e hizo reverencia. Y dijo David: Mefi-boset. Y él respondió: He aquí tu siervo"*.

Esto es lo que a Dios le agrada, la humildad, cantidad de evangélicos cristianos son orgullosos, pensando que son los únicos que van para el cielo, pero hoy te digo "no te vistas que no vas", la Biblia dice:

S. Mateo 23:12 RVR1960 *"Porque el que se enaltece será humillado, y el que se humilla será enaltecido".*

Mefi-boset, por sus limitaciones, reconoció que no merecía que el rey lo llamara. Quizás usted sea de los que piense que Mefi-boset se postró ante el rey David con temor y reverencia, pensando que su sentencia seria la muerte, por ser descendiente del rey Saúl, no descarto esa idea, pero también creo, que por sus limitaciones, era humilde. Por eso es que hay que dar gloria a Dios por nuestras debilidades, sean las que sean, y no dejar de orarle a Dios para que nos las quite, porque la realidad es, que son esas debilidades, las que nos mantienen humildes, y Pablo el apóstol de Jesucristo aprendió eso, veamos:

2 Corintios 12:9 RVR1960 *"Y me ha dicho: Bástate mi gracia; porque mi poder se perfecciona en la debilidad. Por tanto, de buena gana me gloriaré más bien en mis debilidades, para que repose sobre mí el poder de Cristo".*

Entiendo que de las debilidades que habla Pablo aquí, para no sacar el texto fuera de contexto son de las persecuciones, angustias etc.

2 Corintios 12:10 RVR1960 *"Por lo cual, por amor a Cristo me gozo en las debilidades, en afrentas, en necesidades, en persecuciones, en angustias; porque cuando soy débil, entonces soy fuerte".*

Pero también entiendo que existen otras debilidades en el ser humano, que no son mencionadas aquí, por tal razón a ti te digo en el nombre de Jesús, gózate de tus limitaciones, porque el glorioso Espíritu Santo, reposa sobre ti. Observemos un poderosísimo texto Bíblico de un hombre que era usado, pero tenía un gran problema y es que era leproso, veamos por favor.

2 Reyes 5:1 RVR1960 *"Naamán, general del ejército del rey de Siria, era varón grande delante de su señor, y lo tenía en alta estima, porque por medio de él había dado Jehová salvación a Siria. Era este hombre valeroso en extremo, pero leproso"*.

Tarde que temprano, llegará el momento donde si estas limitaciones te impiden entrar al reino de Dios, Él mismo se encargará de quitártelas, de no ser así, que te impidan entrar al reino de Dios, permanecerán contigo para que te mantengas con los pies en la tierra (humilde).

2 Reyes 5:14 RVR1960 *"Él entonces descendió, y se zambulló siete veces en el Jordán, conforme a la palabra del varón de Dios; y su carne se volvió como la carne de un niño, y quedó limpio"*.

Como esto era algo que le impedía al general del ejército de Siria pasearse entre los mejores, por la razón de que tenía que vivir retirado de los demás, Dios entonces lo sano, como sé que te sanará a ti también. Quiero comparar un texto Bíblico que me causó muchísimo impacto, cuando Dios me lo reveló, léalo por favor.

ELISEO NO ERA EL MEJOR, COMO TÚ Y YO TAMPOCO, PERO SE PASEARÍA ENTRE ELLOS

1 Reyes 19:19-21 RVR1960 *"<<Partiendo él de allí, halló a Eliseo hijo de Safat, que araba con doce yuntas delante de sí, y él tenía la última>>. Y pasando Elías por delante de él, echó sobre él su manto. Entonces dejando él los bueyes, vino corriendo en pos de Elías, y dijo: Te ruego que me dejes besar a mi padre y a mi madre, y luego te seguiré. Y él le dijo: Ve, vuelve; ¿qué te he hecho yo? Y se volvió, y tomó un par de bueyes y los mató, y con el arado de los bueyes coció la carne, y la dio al pueblo para que comiesen. Después se levantó y fue tras Elías, y le servía".*

Cuando la Biblia especifica que Eliseo araba las doce yuntas de bueyes, el que tenía la última, es porque no era el mejor, pero se paseaba entre ellos.

> *Tarde que temprano, llegará el momento donde si estas limitaciones te impiden entrar al reino de Dios, Él mismo se encargará de quitártelas, de no ser así, que te impidan entrar al reino de Dios, permanecerán contigo para que te mantengas con los pies en la tierra (humilde).*

NO SOLO A MEFI-BOSET SACARON DE LODEBAR, SINO QUE A TI TAMBIÉN TE SACARÁN

Esta historia se ha repetido por siglos, porque no solo a Mefi-boset sacaron de Lodebar, sino que a ti y a mí también nos sacaron de ahí. Pero en la Biblia hubo muchos que salieron de Lodebar también, solo les hablaré de uno, pero primero leamos la historia por favor.

2 Reyes 25:27-30 RVR1960 *"Aconteció a los treinta y siete años del cautiverio de Joaquín rey de Judá, en el mes duodécimo, a los veintisiete días del mes, que Evil-merodac rey de Babilonia, en el primer año de su reinado, libertó a Joaquín rey de Judá, sacándolo de la cárcel; y le habló con benevolencia, y puso su trono más alto que los tronos de los reyes que estaban con él en Babilonia. Y le cambió los vestidos de prisionero, y comió siempre delante de él todos los días de su vida. Y diariamente le fue dada su comida de parte del rey, de continuo, todos los días de su vida".*

LEAMOS LA MISMA HISTORIA, PERO EN OTRO LIBRO

Jeremías 52:31-34 RVR1960 *"Y sucedió que en el año treinta y siete del cautiverio de Joaquín rey de Judá, en el mes duodécimo, a los veinticinco días del mes, Evil-merodac rey de Babilonia, en el año primero de su reinado, alzó la cabeza de Joaquín rey de Judá y lo sacó de la cárcel. Y habló con él amigablemente, e hizo poner su trono sobre los tronos de los reyes que estaban con él en Babilonia. Le hizo mudar también los vestidos de prisionero, y comía pan en la mesa del rey siempre todos los días de su vida. Y continuamente se le daba una ración de parte del rey de Babilonia, cada día durante todos los días de su vida, hasta el día de su muerte".*

DIOS TE SORPRENDERÁ

Solo me resta decirles ¡Wow! ¡Que impresionante!, un rey enemigo llamado Evil-Merodac alzó la cabeza de Joaquín rey de Judá, esto sólo lo hace Dios y su gra-cia, Dios nunca deja de sorprenderme, y sé que fue por la humildad de Joaquín, por qué es que vuelvo y les repito:

S. Mateo 23:12 RVR1960 *"El que se enaltece será humillado, y el que se humilla será enaltecido".*

No simplemente el rey de Babilonia le alzó la cabeza a Joaquín, sino que lo sacó de la cárcel (Lodebar - én-fasis añadido por el autor), y le habló con benevolen-cia, y como si fuera poco, puso su trono más alto que los tronos de los reyes que estaban con él en Babilonia, ¡oh! y los vestidos de prisionero que tenía Joaquín les fueron cambiados, y siempre comía a la mesa con el rey. Esta historia se vuelve a repetir una y otra vez, por eso sigo diciendo; no éramos los mejores, pero Dios ha permitido pasearnos entre ellos. ¿Cómo no lo voy a bendecir? ¿Cómo no voy a vivir agradecido con Él? Si cuando me encontraba perdido, esclavizado por el pecado "el Rey me mandó a llamar", sacándome de la cárcel que me encontraba, cambiándome las vesti-mentas sucias que traía puestas, poniéndome calzado, y como si esto fuera poco, invitándome a comer a su mesa, no puedo escribir esto, sin que se me resalten las lágrimas, porque no sé tú, pero yo vivo agradecido con mi Dios, porque Él no tenía que llamarme, pero lo hizo y viviré eternamente agradecido de Él, ¡gracias mi Salvador!.

Cuando Satanás te acusaba, y te señalaba, el Rey dijo: pónganle vestido nuevo. Veamos:

Zacarías 3:1-5 RVR1960 *"Y Josué estaba vestido de vestiduras viles, y estaba delante del ángel. Y habló el* ángel, y mandó a los que estaban delante de él, diciendo: Quitadle esas vestiduras viles. Y a él le dijo: Mira que he quitado de ti tu pecado, y te he hecho vestir de ropas de gala. Después dijo: Pongan mitra limpia sobre su cabeza. Y pusieron una mitra limpia sobre su cabeza, y le vistieron las ropas. Y el ángel de Jehová estaba en pie".

Dios me sigue sorprendiendo, porque Satanás estaba en todo su derecho de acusarlo, ya que la Biblia dice que el sacerdote tenia vestimentas viles, pero su gran amor se extendió para con Él y le mandó a poner vestimentas de gala. Hay otra historia un poco similar, de un joven que le dijo a su papá:

S. Lucas 15:12-13 RVR1960 *"Padre, dame la parte de los bienes que me corresponde; y les repartió los bienes. No muchos días después, juntándolo todo el hijo menor, se fue lejos a una provincia apartada; y allí desperdició sus bienes viviendo perdidamente".*

Como me conmueve el amor de Dios, porque este joven se había buscado lo que le estaba pasando, pero cuando se arrepintió y cayó en sí diciendo:

S. Lucas 15:18-19 RVR1960 *"Me levantaré e iré a mi padre, y le diré: Padre, he pecado contra el cielo y contra ti. Ya no soy digno de ser llamado tu hijo; hazme como a uno de tus jornaleros".*

Aquí le cae muy bien ese texto Bíblico que dice:

Miqueas 7:8 RVR1960 *"Tú, enemiga mía, no te alegres de mí, porque aunque caí, me levantaré; aunque more en tinieblas, Jehová será mi luz".*

¡Grítalo con fuerzas! Dios me volverá a levantar, ¡Aleluya!

EL ARREPENTIMIENTO
HIZO QUE SU PADRE LO VIERA

Fue ahí donde su padre lo vio de lejos y corrió hacia él, fíjate que el hijo menor no había visto a su padre, sino que el padre lo vio primero ¡Wow! cuan hermosa es esta historia Bíblica, idéntica a lo que nos sucedió a todos, porque ni tú, ni yo, buscamos a Dios, porque Él nunca estuvo perdido, quien nos buscó primero y nos vio fue nuestro Abbá (nuestro papá), veamos esta emocionante historia.

S. Lucas 15:20-24 RVR1960 *"Y levantándose, vino a su padre. Y cuando aún estaba lejos, lo vio su padre, y fue movido a misericordia, y corrió, y se echó sobre su cuello, y le besó. Y el hijo le dijo: Padre, he pecado contra el cielo y contra ti, y ya no soy digno de ser llamado tu hijo. Pero el padre dijo a sus siervos: Sacad el mejor vestido, y vestidle; y poned un anillo en su mano, y calzado en sus pies. Y traed el becerro gordo y matadlo, y comamos y hagamos fiesta; porque este mi hijo muerto era, y ha revivido; se había perdido, y es hallado. Y comenzaron a regocijarse".*

Ahora esta historia no la entienden muchos, como tampoco la entendió el hijo mayor de la parábola, y es que al que se le ha perdonado poco, poco ama, pero al que se le ha perdonado mucho, mucho ama, veamos la frustración del hijo mayor de la parábola, para luego presentarles otra maravillosa historia.

S. Lucas 15:25-32 RVR1960 *"Y su hijo mayor estaba*

en el campo; y cuando vino, y llegó cerca de la casa, oyó la música y las danzas; y llamando a uno de los criados, le preguntó qué era aquello. Él le dijo: Tu hermano ha venido; y tu padre ha hecho matar el becerro gordo, por haberle recibido bueno y sano. Entonces se enojó, y no quería entrar. Salió por tanto su padre, y le rogaba que entrase. Mas él, respondiendo, dijo al padre: He aquí, tantos años te sirvo, no habiéndote desobedecido jamás, y nunca me has dado ni un cabrito para gozarme con mis amigos. Pero cuando vino este tu hijo, que ha consumido tus bienes con rameras, has hecho matar para él el becerro gordo. Él entonces le dijo: Hijo, tú siempre estás conmigo, y todas mis cosas son tuyas. Mas era necesario hacer fiesta y regocijarnos, porque este tu hermano era muerto, y ha revivido; se había perdido, y es hallado".

En vez del hijo mayor alegrarse con el regreso de su hermano menor, fue todo lo contrario, porque él no pudo entender, que su papá lo supo perdonar, porque él también fue perdonado.

AL QUE MÁS SE LE HA PERDONADO, MÁS AMA

S. Lucas 7:36-50 RVR1960 *"Uno de los fariseos rogó a Jesús que comiese con él. Y habiendo entrado en casa del fariseo, se sentó a la mesa. Entonces una mujer de la ciudad, que era pecadora, al saber que Jesús estaba a la mesa en casa del fariseo, trajo un frasco de alabastro con perfume; y estando detrás de él a sus pies, llorando, comenzó a regar con lágrimas sus pies, y los enjugaba con sus cabellos; y besaba sus pies, y los ungía con el perfume. Cuando vio esto el fariseo que le había convidado, dijo para sí: Éste, si fuera profeta,* conocería quién y qué clase de mujer es la que le toca, que es pecadora. Entonces respondiendo Jesús, le dijo: Simón, una cosa tengo que decirte. Y él le dijo: Di, Maestro. Un acreedor tenía dos deudores: el uno le debía quinientos denarios, y el otro cincuenta; y no teniendo ellos con qué pagar, perdonó a ambos. Di, pues, ¿cuál de ellos le amará más? Respondiendo Simón, dijo: Pienso que aquel a quien perdonó más. Y él le dijo: Rectamente has juzgado. Y vuelto a la mujer, dijo a Simón: ¿Ves esta mujer? Entré en tu casa, y no me diste agua para mis pies; mas ésta ha regado mis pies con lágrimas, y los ha enjugado con sus cabellos. No me diste beso; mas ésta, desde que entré, no ha cesado de besar mis pies. No ungiste mi cabeza con aceite; mas ésta ha ungido con perfume mis pies. Por lo cual te digo que sus muchos pecados le son perdonados, porque amo mucho; más aquel a quien se le perdona poco, poco ama. Y a ella le dijo: Tus pecados te son perdonados. Y los que estaban juntamente sentados a la mesa, comenzaron a decir entre sí: ¿Quién es éste, que también perdona pecados? Pero él dijo a la mujer: Tu fe te ha salvado, ve en paz".

CONCLUSIÓN

Aunque el Rey te llame, hay cosas que nunca van a cambiar, como tampoco cambiaron con Mefiboset, porque él siguió siendo lisiado de los pies, ¿sabes por qué? Porque Dios no quiere que nos olvidemos de dónde Dios nos sacó, y que nuestras limitaciones nos ayuden a mantenernos humildes ante Él y los demás, por eso vive agradecido por lo que tienes, por quien eres, y sobre todo porque "el Rey te mando a llamar" y hoy por hoy comes a su mesa.

Me llamaron del otro lado del río

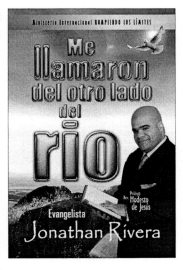

E s un libro que cambiará tu vida y te llevará a una dimensión más alta en Dios, te enseñará a ver las cosas como Dios las ve y, a la misma vez, entenderás el por qué de lo que has pasado en tu vida, sabiendo que todo lo que nos ocurre obrará para bien.

En este libro relato la historia de cómo Dios puede transformar la vida de una persona, para que ésta, con la ayuda de Dios, transforme la vida de millones de ellas. Este libro te enseñará a mirar las cosas desde otra perspectiva y te enseñará a confiar sobre todo en Dios, aun cuando las cosas parezcan irse de la mano y aun cuando pensemos que hemos perdido el control. Porque la realidad es esta: el comienzo no es lo más importante, si no es el final de todo, porque Dios es el que tiene la última palabra. Por lo tanto, hoy te digo: no te enfoques tanto en cómo ves el presente, pues el presente quizás no da esperanza, pero te invito a creerle a Dios, porque Él nunca ha perdido una batalla.

TESTIMONIOS DEL LIBRO

1 Le escribo desde la ciudad de Dallas, en el estado de Texas. Como usted bien lo sabe, Dios me ha permitido el honor de administrar una empresa que le ayuda a los ministros a realizar su sueño de elaborar sus libros. Y en verdad es un privilegio para mi empresa ser el instrumento que Dios escogió para que usted pudiera llevar este tremendo testimonio a miles de personas por todo el mundo. Yo nací en el hermoso país de Colombia, y le doy gracias a Dios por esa bendición, pero también... *"Me llamaron del otro lado del río"*, y tuve que pagar un precio muy alto, muy alto, para venir a la Unión Americana a servir a Dios. Leyendo su libro comprendí que todos los sufrimientos que he pasado a través de estos largos años, tenían una razón de ser, tenía Dios un propósito con mi vida, y era que ayudara a los ministerios a lograr ese deseo grande en su corazón de imprimir una palabra de vida para llevarla por todo el mundo. Leyendo los testimonios de sus lectores, siento que estoy recibiendo el pago de tanto sufrimiento, siento que Dios está contento, porque somos obreros aprobados, siento que el cielo se está moviendo a nuestro favor, porque estamos rompiendo el plan del enemigo. Dios hará muchísimas más cosas en tu ministerio. Te declaro un obrero fiel y conquistador de muchedumbres. Declaro que cada libro encenderá una llama del Espíritu Santo en cada lector y "nunca" se volverá a terminar el aceite en sus vasijas. Declaro que estos libros serán traducidos en Mandarín, el idioma chino. Declaro que este libro será traducido en dialectos Africanos. Declaro

que vendrán personas millonarias a tocar tu puerta para solicitarte permiso para llevar este libro a sus naciones. Declaro que de este libro se hará una película para romperle la cabeza al diablo. Finalmente solo quiero pedirte un favor, no desmayes ni dejes la buena obra a la que Dios te llamó. **Einer Agredo. Dallas, TX**

2 Su libro está súper fascinante, toca la dureza de la vida y su corazón, se ve la transformación excelente de Dios en su vida y la sensibilidad para llegar a los corazones de los demás, es súper mega fantástico su libro. Cuando vea a su madre dígale que la bendigo en el Nombre Poderoso de Jesús, dale muchos besos y abrazos de mi parte, espero con ansias el próximo libro. **Anónimo (vía texto), Kissimmee, Florida.**

3 ¡Dios te bendiga papá!, te quiero informar que el libro me lo comí como el rollo. ¡Tremendo!, a Dios Gloria. Me impactó el capítulo en el cual reconociste que era el último beso que le darías a tu hermana. ¡Wow!, me llegó hasta el alma, porque me recordé cuando yo también sabía que a mi abuela, Dios pronto se la llevaría a su Presencia. Bueno podemos seguir hablando, porque no hubo un capítulo que no me ministrara, todo el libro completo fue de bendición. Gracias por ese regalo y no te olvides, estoy ya listo para leer el otro. Como tú dices; ¡sí, abróchense los cinturones que viene la turbulencia! ¡Aja!. Te testifico que a mí me gusta leer, pero tengo tantos libros que he comenzado y los he dejado a mitad o al principio, pero el tuyo desde que comencé a leerlo, no pude parar., sólo me tomo dos noches. En otras palabras en

dos días me lo papié (expresión puertorriqueña que significa comer algo) completo papá, así de sabroso estaba, a Dios toda gloria. Te bendiga Dios siempre y no sólo a ti si no a tu preciosa familia. De corazón te lo digo, comencé y no pude soltar el libro hasta que lo terminé a las 3 de la mañana de hoy. **Pastor: Carlos E. Concepción, Rockford, Illinois.**

4 Varón, leí el libro de una sentada y mi compañera quiso que se lo leyera en voz alta para escuchar, es de mucha bendición varón, desde el comienzo hasta el final, me ministró fuertemente, pues viví algo similar a lo que escribiste y al tener mis hijos hoy día esperando mi visita, ¡wow! fue algo que se hizo muy real en mi vida mientras estaba leyendo tu libro. Mi compañera ni se diga, estaba llorando mientras yo estaba leyendo tu libro. Lo que tuvieron que pasar con tu hermana, ¡wow! otra área que nos impactó, más al saber lo que tu mamá tenía que sufrir. La parte de como Dios trató contigo y los testimonios me impartieron mucha fe, algo interesante también, fue lo que Dios te mostró 5 años después del por qué de la enfermedad de tu hermana, pues de ahí es que sale el tema del libro *"Me llamaron del otro lado del río",* fue terrible varón ese libro desde su comienzo hasta su final, me llevó a reflexionar sobre mi propia vida. Aunque me puse en tus zapatos por un momento, este libro me llevó a revivir mi propia vida y a cómo debo de ser más agradecido con Dios, pues he sido bastante impaciente, pero los golpes de la vida me han enseñado a bajar la aceleración y a confiar más en Dios, gracias, el libro para mí en lo personal fue un éxito y sé que lo

será para todo el mundo y sobre las revelaciones de los pasajes que hablas en tu libro, ni se diga, vianda, muy bueno pa'lante guerrero, Dios te bendiga. **Danny Osorio, Milwaukee, Wisconsin.**

5 ¡Dios bendiga!, Acabo de comprar su libro "Me llamaron del otro lado del rio" y me tomó solo 3 horas en leerlo. Una historia conmovedora que me hizo llorar y entender que Dios usará cualquier medio para llegar a su propósito. En realidad la historia no termina, por que aún falta la reunión que habrá en el cielo cuando usted se reúna con su amada hermana. Dios te siga bendiciendo, para atrás ni para coger impulso, Bendiciones. **Nikaury T. Harrisburg, Pennsylvania.**

Se parecen, pero no son iguales

Tomo 1 y 2

*"*Se parecen, pero no son iguales", nació en el corazón de Dios y luego en el mío como escritor, debido a que hay tantos que alrededor del mundo están sosteniendo ahora mismo una gran batalla con su gemelo, y no saben cómo poder vencer a su peor enemigo, ya que no encuentran las armas necesarias para tal batalla y se encuentran clamando como una vez Pablo también lo hizo en Romanos.

Romanos 7:15 (RVR60) *"Porque lo que hago, no lo entiendo; pues no hago lo que quiero, sino lo que aborrezco, eso hago"*.

En el pasaje de Éxodo capítulo 17, aprendemos una gran lección y es ésta: Amalec, que aquí en mi libro lo he llamado también Tomas-el Dídimo, es decir, el gemelo; nunca va a ser destruido mientras nosotros estemos en este escenario terrenal. Amalec (que representa a nuestra carne también) no fue destruido por Josué, sino que fue debilitado solamente. Pues allí donde la versión Reina-Valera 1960 traduce *"deshizo"*, el hebreo dice textualmente "*debilitó*" (v. 13). Y aún más, en ese mismo pasaje, dice la Escritura que Jehová tendrá guerra contra Amalec de generación en generación, por causa de que Amalec se levantó contra el trono de Dios. Así pues, nuestro gemelo, que es la carne sigue estando vigente. Es un enemigo que está en pie todavía y lo estará de generación en generación. Lo que nosotros tenemos que procurar en este tiempo es, no a que el Señor destruya a nuestra carne, sino a que conforme a esa misma Palabra, el Señor la debilite hasta la impotencia, para que "nuestra carne" no nos lleve a la derrota y para que no nos suma en la vergüenza. Mi intención como escritor es equiparte dándote las herramientas necesarias para que aprendas a como vencer a tu peor enemigo que es tu gemelo, es decir, tú mismo, tu propia carne. Al escribir este libro es un gran reto para mí como escritor, porque sé que no soy la excepción, yo mismo sostengo fuertes y brutales luchas con mi gemelo, pero Dios me ha equipado con poderosas verdades Bíblicas, las cuales comparto en este libro, ya que me ha sido de muchísima ayuda y bendición para mi vida, y quiero que de la misma manera también lo pueda hacer para a ti también, amado lector.

TESTIMONIO

Como joven siempre me han gustado los retos y las personas que marcan los caminos con una historia diferente a lo acostumbrado. Los libros de mi gran amigo, el Evangelista Internacional Jonathan Rivera, "SE PARECEN PERO NO SON IGUALES, me han llevado a una travesía "refrescante, nueva, y diferente" donde te lleva a querer más y más de Dios.

Una experiencia única donde experimentamos que en este camino de Dios no tenemos LÍMITES. Son una clara confrontación con mi "GEMELO" mediante la Palabra de Dios, de tal manera que es inevitable sentir los cambios a favor en nuestra vida cristiana. No seremos igual al culminar cada uno de estos libros.

Testimonios, relatos, revelaciones poderosas en cada página que nos harán ver el gran poder de Dios manifestado en el ser humano, simplemente abrochémonos nuestros cinturones porque en este viaje sentiremos los cambios en nuestra atmósfera espiritual. De ser personas natural a entrar en un campo sobrenatural.

Rev. José Crespo Jr. (La Furia del León)
Pastor de la Iglesia Pentecostal
El Fuego de su Santidad
En Vega Baja, Puerto Rico

BIBLIOGRAFÍA

- Reina Valera 1960.
- Traducción En El Lenguaje Actual.
- Nueva Traducción Viviente.
- La Biblia de las Américas (©1997).
- (PDT)-Palabra de Dios para Todos.
- La Biblia Septuaginta.
- New International Versión/
  Nueva Versión Internacional.
- Nueva Concordancia Strong Exhaustiva.
- Diccionario de la lengua española © 2005.
- Diccionario Bíblico.
- Diccionario Manual de la Lengua Española Vox.
  © 2007 Larousse Editorial, S.L.
- Enciclopedia Judía.

Si usted desea que oremos
por sus necesidades,
o desea compartirnos la bendición
que ha sido este libro para su vida;
por favor comuníquese con nosotros:

Evangelista JONATHAN RIVERA
5500 S. Howell Ave # 0933
Milwaukee, WI 53237 USA
Cel. (1) 414-510-7498
rompiendoloslimites@yahoo.com

Busquenos en:

NOTAS:

NOTAS: